종교의 영

토미 펨라이트 · 레베카 와그너 시세마 공저
이진기 옮김

Conquering the Religious Spirit

by Tommie Femrite and Rebecca Wagner Sytsema

Copyright © 2008 by Tommie Femrite

Published by Chosen Books
A division of Baker Publishing Group
P.O. Box 6287, Grand Rapids, MI 49516-6287

Korean translation copyright © 2010 by Pure Nard
2F 774-31, Yeoksam 2dong, Gangnam-gu, Seoul, Korea

The Korean edition is published by arrangement with Chosen Books.
All rights reserved.

본 저작물의 한국어판 저작권은 Chosen Books와의 독점 계약으로 한국어 판권은 '순전한 나드'가 소유합니다. 저작권자의 허락 없이 이 책의 일부 또는 전체를 무단 복제, 전재, 발췌하면 저작권법에 의해 처벌을 받습니다.

종교의 영

초판발행 | 2010년 7월 23일
2쇄 발행 | 2011년 6월 1일

지은이 | 토미 펨라이트 & 레베카 와그너 시세마
옮긴이 | 이진기
감　수 | 김영호

펴낸이 | 허철
편집 | 송혜숙
디자인 | 오순영
인쇄소 | 고려문화사

펴낸곳 | 도서출판 순전한 나드
등록번호 | 제2010-000128
주소 | 서울 강남구 역삼동 774-31 2층
도서문의 | 02) 574-6702 / 010-6214-9429
편집실 | 02) 574-9702
팩스 | 02) 574-9704
홈페이지 | www.purenard.co.kr

ISBN 978-89-6237-070-6　　03230

종교의 영

추·천·사

　종교의 영은 사탄이 풀어놓은 가장 치명적이고 파괴적인 영 중의 하나이며 이 영은 크리스천으로 하여금 비판적이고, 위선적이며, 타인을 무조건 비평하도록 만든다. 더욱 나쁜 것은 우리가 진리를 알고 예수님과 친밀한 관계를 맺는 것을 가로막는 것이다. 토미는 당신이 종교의 영을 분별하고 이 영이 주는 피해로부터 해방되도록 도와주는 훌륭한 저서를 썼다. 토미의 저서들은 Harvest International Ministry를 통하여 교회들이 활용할 수 있을 것이다. 나는 이 책을 아주 강력하게 추천한다.

∷체안(Dr. Ché Ahn)
Harvest International Ministry 회장

　우리는 교회 생활에서 천국을 이해하고자 하는 과정의 중간에 있기 때문에 토미의 『종교의 영』은 최근 십 년간 가장 중요한 책 중 하나다. 사탄은 자신이 활동하는 시기와 방법을 마음대로 바꾸고 있다. 이 책에서 가장 훌륭한 장은 5장 '율법의 항목'(The Letter of the Law)이다. 사탄은 율법을 잘 알고 있다. 이 책은 당신을 얽어매는 율법주의적인 속박물을 극복할 수 있도록 도와줄 것이다. 이 책을 읽어갈수록 자신이 이러한 속박에서 자유로워지고 있음을 느낄 것이다.

∷척 피어스(Chuck D. Pierce)
Glory of Zion International Ministries 회장, Global Harvest Ministries

오늘날 종교의 영은 수많은 크리스천을 속박하고 있다. 토미는 이 저서를 아주 적절한 시기에 출간하여 자신의 여정과 경험을 우리에게 나누어주고 있으며 구원과 해방을 원하는 모든 사람에게 실질적인 접근을 할 수 있도록 도와준다. 토미는 종교의 영이 하나님의 백성을 속박하는 교활한 방법들을 알려주며 또한 예수님이 우리에게 부어주신 풍성한 삶을 잃을 때에 우리가 입는 손해를 특히 강조하고 있다. 당신은 이 책을 통하여 종교의 영이 믿는 자들의 생활에서 벌이는 수많은 방해 공작을 알게 되면 크게 놀랄 것이다. 그리고 성령님께서 속박당한 심령을 어떻게 강한 힘으로 해방시켜주는지를 알게 되면 역시 매우 놀랄 것이다. 주님께서 약속하신 승리하는 삶을 살기를 원하는 사람은 이 책 『종교의 영』을 반드시 읽어보기를 바란다.

::바바라 웬트로블(Barbara Wentroble)
International Breakthrough Ministiries 창시자 및 대표

이 책은 교활한 종교의 영을 인식하고 이들이 가져다주는 속박과 눈가림으로부터 구제받기를 원하는 모든 사람에게 눈을 열어주는 저서다. 토미, 당신은 하나님이 주신 용기와 하나님의 백성을 위한 동정심을 지니고 있습니다. 하나님의 은총이 당신에게 임하시기를 기원합니다.

::빌 해몬(Dr. Bill Hamon)
Christian International Ministries Network 감독,
『Apostles, Prophets and Coming Move of God』 저자

"종교의 영이란 무엇인가? 우리는 이 영에게서 어떻게 벗어날 수 있는가?" 토미는 이 영에 관하여 설명하고 진단하여 우리 모두가 때로 어떤 방법으로든지 이런 영에게 굴복당하여 생기는 공통적인 질병을 가장 효과적으로 치료할 수 있는 방법을 가르쳐주고 있다. 나는 개인적으로 그녀의 간단명료하고 직설적인 접근 방법이 좋다. 그녀의 이 저서는 나 스스로 빠져버린 심각한 시련 동안에도 나를 웃게 해주었다.

∷바바라 요더(Babara J. Yoder)
목사, 저술가, 집회 설교자

당신이 주님과 함께 걸어온 시간이 이틀이든지 이십 년이든지 상관없이 토미의 저서 『종교의 영』은 당신 자신의 생활이나 목회에서도 아주 소중한 지침서가 될 것이다. 종교의 영에 대하여 당신이 알고 싶어 하는 모든 것(물어보지는 않았지만)이 이 책 속에 있다. 토미는 순수한 성경적인 가르침과 실생활에서 얻은 경험을 통하여 우리에게 종교의 영을 이길 수 있는 지식과 도전정신을 불어넣어 준다.

∷제인 한센 호이트(Jane Hansen Hoyt)
Aglow International 총재

모든 크리스천은 이 책을 읽을 필요가 있다! 사십 년간 목회를 하면서 나는 종교의 영보다 더 지독한 전략을 가진 사탄은 없다고 믿게 되었다. 이 영은 교회를 사로잡고, 모든 회복 운동을 방해하며, 불신자를 복음에서 멀어지게 하며, 신자들이 누리는 기쁨과 능력을 빼앗아간다.

그러나 놀랍게도 이러한 종교의 영에 대한 책은 거의 없었고 최근 몇 년 전까지만 해도 종교의 영은 우리가 감지할 수 없는 가운데서 활발한 활동을 해왔다. 약 오 년 전부터 하나님의 백성이 올가미를 피할 수 있도록 도와주는 교육이 시작된 것을 볼 수 있는데, 그중 『종교의 영』이라는 이 책은 종교의 영에게 벗어날 수 있도록 도와주는 저서임에 틀림없다. 이 책은 우리의 원수 사탄의 계획을 공개하고 사탄의 힘이 어떻게 우리를 공격하는지를 알려준다. 결국 이 책은 독자로 하여금 기쁨과 자유를 누릴 수 있는 실질적인 접근 방법을 알려주고 인도해줄 것이다. 만일 주님과 함께 걸어가는 발걸음에 기쁨이 없고 하나님의 약속에 능력이 없다고 느껴질 때 이 책을 읽는다면, 당신이 읽은 그 어떤 책보다 더 가치 있는 책이 될 것이다. 이 책을 읽고 당신을 자유케 하시는 하나님의 권능이 당신에게 역사하기를 바란다.

:: 로버트 하이들러(Robert Heidler)
The Issachar School 학장, Glory of Zion Outreach Center 담임목사

To. Ralph,
:: 내 남편 랄프에게 ::

나의 경이로운 배우자, 가장 절친한 친구,
나의 막강한 지원자,
그리고 내가 믿고 의지하는 당신.
하나님께서 주신 사역의 임무를 잘 감당할 수 있도록
용기를 주었고 내 곁에 항상 있어주고
나를 지극히 사랑해준 남편에게 감사하며
영원히 당신을 사랑합니다.

목·차

추천사 · 4
서문 · 12
감사의 말 · 16

1장 | 오! 하나님 내가 위선적인 종교의 영을 가졌습니다 · 19
O God, I Have a Religious Spirit!

2장 | 오래된 모조품 · 31
The Ancient Counterfeit

3장 | 종교라는 진흙탕에서 돌리는 수레바퀴 · 43
Spinning Our Wheels in the Mud of Religion

4장 | 교만이라는 더러운 입 냄새 · 57
The Bad Breath of Pride

5장 | 율법의 항목 · 75
The Letter of the Law

6장 | 절대로 믿지 말아야 할 세 가지 신학 이론 · 93
Three Theologies No One Should Believe

7장 | 빛에 의한 실명 · 109
Blinded by the "Light"

8장 | 우리의 삶에서 활동하는 종교의 영 · 127
Could You Have a Religious Spirit?

9장 | 종교의 영을 이기는 법 · 143
Defeating the Religious Spirit

10장 | 자유를 유지하는 삶 · 159
Walking in Enduring Freedom

저자 소개 · 173
미주 · 175

서 · 문

악한 종교의 영이 수 세기 동안, 아마 수천 년 동안 작용하고 있었지만 최근에야 그 파괴적인 점이 드러나기 시작했다. 영적 전쟁의 가장 중요한 기초는 적을 잘 아는 것이다. 토미 펨라이트(Tommi Femrite)는 대단히 힘이 센 악의 근원과 싸우기 위해 그리스도의 몸으로 무장하여 적극적으로 앞장섰던 사람이다.

이것은 우리에게 흥미로운 질문을 하게 한다. 왜 우리 교회 지도자들은 아주 적은 숫자를 제외하고, 종교의 영과 영적 전쟁을 하는 것에 동의하지 않았는가? 우리는 음란의 영은 대적해왔다. 적그리스도에 대한 것도 대적해왔다. 또한 이세벨의 영과 탐욕, 배교, 무법의 영 등 많은 영을 대적했다. 그러나 종교의 영은 그렇게 하지 않았다.

나는 많은 이유 중의 하나가 종교의 영이 특별히 민감한 부분이기 때문이라고 생각한다. 사탄이 원하는 것들 중 한 가지는 숨기고 싶어 하는 것이다. 이것이 '불가사의'라는 단어의 뜻이기도 하다. 종교의 영에 대하여 아는 사람이 적을수록 그 해로움은 더 많아질 것이다. 사탄이 두려워하는 것은 토미가 이 책에서 밝혀낸 것처럼 그 정체가 드러나는 것이다. 사탄이 지난 세월 동안 아주 성공적으로 사용했던 한 가지 방해 방법은-현재도 잘 사용하고 있는 방법이다-성도들에게 그들이 하나님의 뜻을 성실하게 잘 따라 하고 있다고 생각하게 만드는 것인데, 사실은 좋은 생각에서 나온 종교적 행위를 통하여서 하나님의 뜻을 거스르고 있다.

사탄이 부여한 종교의 영의 가장 중요한 임무는 성도들이 하나님이 예비하신 새로운 계절에 들어가는 것을 막는 것이다. 사탄은 여러 종류의 이단에 잡혀있는 불신자들과 하나님을 믿는 자들과 나와 같은 사역자에게도 똑같이 행동한다. 하나님은 계속해서 새로운 가죽 부대(Wineskins)를 일으켜 세우지만, 종교의 영은 하나님의 사람들이 새 가죽 부대로 가는 것을 막고 대신 헌 가죽 부대로 만족하게 한다. 이렇게 되면 새 술의 흐름은 방해되고, 결과적으로 하나님의 목적은 늦춰질 수밖에 없다.

하나님께서 지금까지 종교의 영이 드러나는 것을 늦추셨을 수도 있는데 그 이유는 다음 두 가지가 나타나기를 기다리신 것이다. 첫 번째는, 어둠의 세력의 힘과 지배권을 효과적으로 대적할 수 있는 좀 더 높은 수준의 영적 전쟁의 기술, 특별히 전략이 나타나기를 기다리셨다. 1990년경부터 이러한 목적의 큰 움직임이 있었다.

두 번째는, 사도와 선지자 등과 같이 인정할 만한 기초 위에 교회 안의 성경적인 통치가 다시 회복되는 것을 기다리셨다(엡 2:20 참조). 나는 이러한 움직임이 1990년경에 시작되었다고 믿으며, 우리는 이제 두 번째 사도적 시기에 있다고 생각한다.

교회는 종교의 영이 하나님의 사람들을 제자리에 가만히 있도록 여러 가지 방법으로 많은 시도를 하며 급속하게 변화되어왔다. 종교의 영은 개인과 조직에 영향을 끼쳤다. 많은 사람은 개인적으로는 새로운 가죽 부대로 옮기는 것이 최선인 줄 알지만 그들이 존재조차 모르는 종교의 영이 목을 조르며 그들이 가는 것을 막고 있다. 그리스도의 몸, 예를 들어 지역 교회, 다른 교파들, 각 교회 협회들은 새로운 성령의 흐름을 발견하고 참여하는 것보다 그 안에서 비즈니스를 하는 것에 더 관심이 있다.

토미는 이러한 현상들을 잘 알고 있으며, 종교의 영에 대해 수많은 전략과 책략을 찾고 분석하느라 긴 고통의 시간을 보냈다. 이 책은 영적 전쟁터로 떠나는 하나님의 군대에게 더 준비하라고 도움을 주는 하나의 정보다.

이 책을 읽으면 우리의 삶이 얼마나 많은 면에서 종교의 영의 영향력 아래에 있는지 발견하고 놀랄 것이다. 토미의 가장 훌륭한 품성은 그녀가 적을 쫓아갈 때는 절대로 포기하지 않는 용감한 용사라는 점이다.

토미와 우리가 나누었던 깜짝 놀랄 만한 통찰력을 예로 들어보겠다. 그녀는 종교의 영이 믿는 자들의 삶에 얼마나 많은 두려움과 미신적인 행동을 만들어냈는지 알려주었다. 어느 날 토미는 '찬양을 항상 틀어놓고 집 안에 있는 모든 거울에 성경 구절을 적어 붙여놓은' 사람들과 이 내용을 나누었다. 그리고 그녀는 담대하게 이렇게 전했다. "이런 것들은 원시 문화를 가지고 있는 아프리카, 아시아, 그리고 남아메리카 사람들이 하는 미신적인 행동입니다. 문제는 찬양이나 거울에 붙여놓은 성경 구절이 아니라 하나님을 믿는 사람들이 두려움을 드러내며,

이런 미신적인 행위를 통해 소망을 가지는 것인데, 이 행동은 하나님이 그들을 사랑하고 그들의 위대한 보호자라는 것을 잊어버린 것입니다."

이것뿐만 아니라 토미는 이 책에서 종교의 영이 우리로 하여금 하나님을 조종하려고 한다는 점도 보여줄 것이다. 그녀는 말하기를 "나는 종교의 영이 사람들을 금식하게 만드는 것을 보았는데 그들은 그렇게 함으로써 자신들을 위해 하나님에게 이런저런 것을 요구하려는 바람을 가지고 있다." 토미는 올바르게 금식을 시작했더라도 그것이 잘못된 방법으로 갈 때에는 경각심을 일깨워주어야 한다고 믿고 있다.

분명히 밝히지만, 이 책은 영적 나약함에 대한 것이 아니다. 이 책은 천국 마음을 소유한 성도들을 위한 책이며, 하나님이 있으라고 하신 곳에서 그들의 삶을 살아가는 자들을 위한 것이다. 만약 당신이 여기에 속한 사람이라면 이 책을 읽어가면서 더욱더 그렇게 될 것이다. 토미가 당신과 당신 가족 그리고 당신의 교회가 오랫동안 가지고 있던 영적 쓰레기들을 없애는 데 도움을 줄 것이다.

이 책 마지막에 나오는 기도문을 읽을 때 진심을 가지고 기도하는 것을 잊지 말길 바란다. 그렇게 할 때, 나는 당신의 삶과 사역이 새롭고 만족할 만한 단계로 올라서게 될 것을 약속한다.

::피터 와그너(C. Peter Wagner)
와그너 리더십 학교(Wagner Leadership Institute) 총장

감·사·의·말

만약 주님께서 내 편에 계시지 않았다면 여러 나라의 많은 사람처럼 아직도 나는 위선적인 종교의 영에 묶여있었을 것입니다. 나를 종교의 영으로부터 해방시켜주신 하나님의 도우심의 손길에 감사하고 있으며 나는 이제 진정으로 자유롭게 되었습니다.

이 책을 출간하면서 여러 사람에게 기쁨으로 감사를 드립니다. 나의 멋진 남편 랄프, 오랜 작업 시간과 늦은 밤의 작업에도 나를 이해하고 도와준 것을 감사해요. 당신은 내가 홀로 컴퓨터 자판을 두들기며 몰입해있는 동안에도 가정과 교회에 문제가 없도록 지켜주었기에 감사를 드립니다.

나의 동역자 베키 시세마(Becky Sytsema)에게도 감사를 드립니다. 당신은 나의 의도를 잘 파악하여 기록된 설교 내용들을 컴퓨터에 잘 정리해주었습니다. 또 이 책이 출간되도록 단순한 단어의 정리는 물론 더 많은 일 즉, 수많은 사람이 종교의 영을 정복하는 데 필요한 강력한 도구가 되는 이 책을 완성하도록 도움을 주신 것을 감사드립니다. 당신과 일할 때 당신은 나에게 늘 기쁨 그 자체였습니다. 당신과 당신의 글 쓰는 재능을 존경합니다.

나의 스승 피터 와그너(C. Peter Wagner) 목사님도 이 일을 완성하도록 나를 도전케 하시고 격려해주셨으며 나에게 용기를 주셨습니다. 피터 와그너 목사님의 지혜와 조언 그리고 전문적인 도움에 감사드립니다.

사랑하는 친구 빌리 보트라이트(Billie Boatwright)에게도 주님께서 이 메시지를 가슴에 품게 하심으로, 나와 동행해준 것을 감사드립니다. 또 안느 배치엘더(Anne Batchelder)는 내가 이 위선의 악한 영에 대한 설교를 할 때마다 그 메시지들을 모두 필기해준 것을 감사드립니다.

나의 동역자인 신디 에드워드(Cindy Edwards)와 다이안 에몬스(Dianne Emmons)도 내가 집필할 동안에 목회 일이 순조롭게 진행되고, 집회 일정도 늦어지지 않도록 조정해주고, 내 어깨의 크고 작은 수많은 짐을 덜어준 것을 감사드립니다. 내 친구 로리 반 잉겐(Laurie Van Ingen)은 매 단어와 문장을 한 번 이상씩 읽어주어서 내가 전하고자 하는 말이 그대로 글로 잘 표현되었는지 들을 수 있게 해준 것을 감사드립니다.

Chosen 출판사에 이 책의 출판을 의뢰할 수 있도록 조언해준 카일 던컨(Kyle Duncan), 당신의 확신과 용기에 감사하며, 제이 캠벨(Jane Campbell)은 집필을 진행할 수 있도록 열정적으로 나를 품어주고 지속적으로 도전할 수 있도록 도와준 것을 감사해요. 당신의 즐거운 목소리가 나를 전진하도록 격려하였습니다. 팀 피터슨(Tim Peterson)에게는 이 책을 홍보하는 데 강력하고 창조적인 아이디어를 주신 것을 감사드립니다. 그레이스 사버(Grace Sarber)에게는 내가 편집을 하면서 수많은 질문을 던졌을 때도 참고 들어준 것과 당신의 풍부한 전문 지식에 감사드립니다.

나의 아버지와 아이들(캐리, 바트, 에릭, 그리고 재클린)과 손자 손녀들(애슐

감사의 말 17

리, 앤드류, 알렉시아, 자카리)에게도 내가 아버지의 딸인 것이 자랑스럽고, 아이들의 엄마 그리고 할머니가 된 것이 자랑스럽고, 모두 나와 동행하면서 용기를 주었고 나를 사랑해준 것을 감사드립니다. 특별히 냉장고에 붙여놓았던 사진과 사랑의 편지는 정말로 고마웠어요.

　나의 모든 믿음의 동역자에게는 주야로 모든 시간을 통하여 전략적인 중보 기도를 해주신 것을 감사드리며, 여러분이 흑암의 세력을 떨쳐버렸기 때문에 내가 터널의 끝에서 광명을 볼 수 있었습니다. 우리 모두 함께 승리의 전리품을 나누어 가집시다.

1장

오! 하나님
내가 위선적인 종교의 영을 가졌습니다
O God, I Have a Religious Spirit!

　하나님께서 내 심장을 화살로 찌르시는 것 같은 한마디 말씀, 즉 위선적인 종교의 영이라는 말이 매우 강하게 내 머리에 메아리를 울려 더 이상 나는 강사의 설교에 집중할 수가 없었다.

　조금 전까지는 집회가 잘 진행되고 있었다. 이번 집회에서 나는 하나님의 손길을 기다리는 수많은 참석자를 치유하고, 기적이 나타나며, 귀신을 쫓아내거나 말씀을 잘 전하도록 기도하는 일을 하는 목회팀의 공동 인도자라는 책임을 맡았다. 그래서 나는 평상시처럼 설교 말씀에 따라 응답받기 위하여 기도하는 순서가 끝날 때까지 기다리면서 앉아 있었는데, 갑자기 내 자신에게 사역이 엄청나게 필요하다는 것을 느끼게 되었다. 이상한 것은 강사인 여자 목사님이 종교의 영에 대해 길게 설명하지도 않았고, 마지막에 몇 문장으로 가볍게 언급했을 뿐인데, 종교의 영이라는 말을 듣는 순간 나는 하나님께서 내게 말씀하시는 것을 분명히 들을 수 있었다. '토미야, 네가 바로 종교의 영을 가졌단다.'

나는 잠시 멍한 상태에서 기도했다. '주님, 저는 종교의 영을 원치 않습니다. 종교의 영을 버리게 해주십시오.' 내가 이 뜻밖의 사건에 대해 생각할 틈도 없이 목회 사역팀 동역자인 척 피어스(Chuck Pierce) 목사님이 마이크를 잡고 목회 사역팀 전원을 단 위로 올라오도록 불렀다. 그 순간 나는 잠깐 기도하면서 이 집회가 끝나면 종교의 영이 나를 어떻게 조종하였는지를 알아내고 그 다음 예배 시간에 나에게 나타났거나 나를 괴롭혔던 종교의 영에 대해 발표하기로 주님께 약속하였다. 다른 팀 멤버들이 기도를 원하는 성도들에게 안수 기도를 하는 동안 주님은 모든 예배의 순서가 잘 진행되도록 허락해주셨다. 그날도 많은 사람이 앞으로 나왔고 하나님의 능력으로 치유받고 자유롭게 되었다.

: : **최초의 교훈**

집회가 끝나고 나는 강사의 저서에 사인을 받고 있었다. 강사 목사님이 사인을 하는 테이블을 구부리고 보고 있는데 뒷마당에서 이상한 소리가 들려왔고, 내가 듣기에 별로 이상한 소리가 아니라서 관심을 두지 않았다. 그러나 그때 사인을 하던 강사 목사님이 나를 올려다보면서 짜증 섞인 목소리로 "저기 가서 저 사람들을 중지시키세요"라고 말했다. 나는 약간 어리둥절하여 무엇을 중지시키느냐고 물었다. "저기 있는 저분들 말이에요. 지금 그들이 하는 짓을 중지시켜야 합니다." 그래도 나는 혼란스러워서 강사에게 물었다. "지금 그들은 기도하고 있는데 뭐가 잘못되었습니까?" "그들을 지배하고 있는 것은 위선적인 종교의 영입니다."

'이런 나 참!' 하고 속으로 생각하면서도 자리에서 일어나 강사의 지시를 따라 그 사람들에게 다가가서 그들이 무엇을 하고 있는지 살펴보았다. 그들의 지도자로 보이는 사람이 닭 같은 걸음걸이로 걸으면서 아!, 아! 하고 외치고 있었다. 그녀의 걸음걸이는 한쪽 다리가 올라가면 머리가 끄덕이며 내려오는, 바로 닭이 걸어가는 모습이었다. 나는 평상시에 큰 소리로 말하는 데 별 문제는 없었지만, 그 짧은 순간에 오히려 조용한 목소리로 그들에게 물었다. "실례지만 강사님께서 지금 여러분이 하고 있는 이것을 당장 멈추라고 하십니다." "왜요? 뭐가 잘못됐나요?" 그들의 대답을 예상은 했지만, 나는 남의 말을 하듯이 천천히 대답했다. "저, 강사님께서 당신들이 위선적인 종교의 영을 가졌다고 하십니다." 즉시 그들은 화를 내며 내게 물었다. "우리가 하는 무엇이 위선적인 종교 행동이란 말입니까?" 그러고는 그들이 체험했던 일을 들려주었다. 나는 강사에게로 돌아가서 그들이 말한 대로 그들의 행동에서 무엇이 잘못된 것인지 알고 싶다는 것을 이야기해주었다.

그때 강사는 일어나서 그 무리에게로 다가가서 지도자를 지적하면서 말했다. "당신들이 지금하고 있는 짓이 위선적인 종교 행동이란 말입니다." 그 지도자는 "나는 이것을 토론토에 있는 하나님의 사람이 나에게 안수할 때 받았습니다"라고 대답했다. 그러자 강사는 "당신이 어디서, 누구에게 받았든지 상관없이 이는 명백히 위선적인 종교의 영입니다"라고 지적했다. 강사의 지적은 그 사람들을 상당히 흥분하게 만들었고 그들은 강사의 지적을 매우 싫어하였다. 물론 성령께서 어떤 때는 사람의 이상한 행동이나 이상한 소리를 내는 방법을 통하여 성령의 역사를 명백히 보여주시는 경우도 있다.

그러나 성령을 받은 다른 사람의 능력이나 성별된 일을 자기도 받기 위하여 그 행동을 따라 하거나 모방하면 그 사람은 위선적인 종교의 영을 가지게 된다. 이번 사건은 바로 그 경우에 해당한다. 그것은 그 행동 자체가 문제가 되는 것이 아니라, 하나님께서 다른 시간과 장소에서 다른 사람을 통하여 하신 일을 겉모습만 모방하려고 하는 것이 문제가 되는 것이다. 강사가 결론적으로 "위선적인 종교의 영을 가지고 집으로 돌아가든지 아니면 치유를 받든지 당신들이 선택하라"고 말하자 그들은 치유를 받기로 결심하였다.

이런 일이 일어나고 있는 동안에 내가 멘토링을 하는 젊은 여인이 내게 다가와 말하기를 "토미, 내게도 이런 종교의 영이 있어서 나를 움직이고 있는지 말해주세요"라고 부탁했다. 나는 즉시 그녀에게 종교의 영이 보인다고 대답하고 "지금 바로 종교의 영은 떠나가라"고 선포하자 그녀는 내가 기도해주기 전에는 집으로 돌아가지 않겠다고 했다. 나는 이런 생각이 들었다. "그래, 좋아. 나도 이 위선적인 종교의 영을 가지고 있고, 주위에 있는 모든 사람도 가지고 있는데, 왜 내가 이것을 가지고 집으로 가야 하는가?"

::축사 사역을 통하여

나는 그 집회 장소를 떠나 집으로 돌아와서 삼 일간 금식 기도를 했다. 금식 기도 중에 부르짖으면서 나는 나에게 하나님을 기쁘시게 해드리지 못하는 여러 가지 행동의 원인이 되는 종교의 영이 있는지 하나님께 물어보았다. 그러자 하나님께서는 삼 일간 종교의 영에 대해 여러 가지를 보여주셨고 그것들이 어떻게 생활 가운데서 나를 지배하고 있는지 알려주셨다. 이 책의 많은 부분은 그 금식 기도 중에 내가 알게 된 것을 쓴 것이며, 주님께서는 종교의 영이 최초에 어떻게 내 삶에 들어와서 나를 지배하게 되었는지를 밝히 보여주셨다.

종교의 영이 최초로 나를 지배하기 시작한 것은 위의 사건보다 수년 전인 베스 알베스(Beth Alves) 목사님과 독일 여행을 할 때부터였다. 베스 목사님은 1972년부터 세계를 여행하면서 가르치고 계시를 증언하고 목회하시는, 하나님이 택하신 강한 여인이다. 나는 이런 훌륭한 믿음의 어머니를 대단히 존경하며 특별한 경우에 나는 그분의 중보 기도자로 함께 일했다. 그러나 마음속으로는 베스 목사님은 훌륭한 설교자이며 나는 '단지' 중보 기도자밖에 될 수 없다고 생각했다(여기서 '단지' 라는 단어가 중보 기도자나 어머니, 기술자와 함께 쓰였든 또는 월마트의 안내자와 함께 쓰였든 상관없이 자신을 나타낼 때 사용했음에 주목하라).

어느 날 갑자기 베스 목사님이 "토미 목사님, 오늘 아침 예배에서 말씀을 전하세요"라고 했다. 나는 주저하고 놀란 마음으로 예배당 뒤편에서 강단까지 걸어가는 짧은 시간 동안 무슨 말을 전해야 할지 잠시 기도했다. "주님, 저는 아무것도 모르겠으니 주님께서 다 해주셔야

합니다."

내가 강단에 올라가 성경을 펼쳤을 때 주석란의 '기름 부음'이라는 단어가 눈에 들어왔다. 그 순간 '여기에 네가 전할 말씀의 제목이 있다'라는 주님의 음성이 들렸다. 그날 나의 설교는 이전에 어떤 사람에게도 들려준 적이 없는 새로운 말씀이었다.

주님께서는 마치 컴퓨터에 다운로드하듯이 나에게 말씀해주셨고 나는 그 말씀을 받는 대로 그들에게 전했다. 그리고 그 다음에는 주님께서 강력한 힘으로 사람들 위에 역사하시기 시작했는데 갑자기 웃음의 영으로 그들에게 임하셨다. 일반적으로 예의 바르고 말이 적다고 알려진 독일인들이 바닥에 뒹굴며 하늘을 향해 발길질을 하고 소리 내어 웃는 가운데에 내가 서있게 되었다. 주님의 역사는 계속되었고 어떤 부인은 내 앞에서 두 손을 위로 치켜들고 마치 동상처럼 세 시간 가까이 움직이지도 않고 서있었다. 어떤 젊은이는 강단 앞에 무릎을 꿇고 앉아서 주님께서 그의 어릴 적 상처를 모두 치유해주셨다고 울며 고백하기도 했다. 다른 많은 사람도 주님께서 영적으로 깊이 어루만져주셨고, 나는 강단에서 눈을 크게 뜨고 기적의 순간들을 똑똑히 지켜보았다. 이런 놀라운 광경은 전에는 도저히 있을 수 없는 일이었다.

성령의 역사 가운데에 베스 목사님이 방으로 들어오셨다. 그 순간 그분이 나의 생애의 조언자요, 나의 현재가 있도록 권위를 가진 분으로 보였고 따라서 내 어머니께로 돌아가는 마음을 느꼈다. 비록 내가 성장하였지만 나는 자녀가 그 부모보다 탁월할 수 없으며, 만일 탁월하면 벌을 받을 수도 있다고 믿었다. 그래서 나는 작은 소녀가 목사님의 손을 붙잡고 과자 그릇에 손을 넣는 기분을 느꼈다.

베스 목사님을 강단으로 모시려고 했으나 그분은 나오지 않으셨고 나에게 화가 난 것처럼 보였다. 그때 나는 내가 아주 큰 어려움에 직면한 작은 장난꾸러기 소녀 같다는 생각이 들었고, 의식적으로 그러지는 않았지만 주님이 내게 주신 이상과 기적의 은사들을 다 내려놓기로 결심하였다. 나는 진정으로 베스 목사님을 사랑하였고 그분이 명예롭게 되기를 원했다. 특히 그분이 주관하는 집회에서는 더 그랬다. 실제로 나는 베스 목사님에게 하나님의 명예보다 더 큰 명예를 드리는 결과를 초래하고 말았다. 내가 주님의 선택에 맡기고 주님의 지시대로 따르는 대신 베스 목사님을 높이는 일에만 은사를 사용하는 것을 선택하였기 때문에 결국 위선적인 종교의 영을 받아들이게 되었다. 따라서 나의 부탁이 거룩하고 겸손한 것으로 들렸을지라도 그날 나의 결정은 죄를 지은 것이고, 내 삶에 악한 영들이 역사할 수 있도록 기회를 준 것이라고 하나님께서 알려주셨다.

주님께서 이 모든 것을 알려주셨을 때 나는 종교의 영에게 지배당하면서 지은 죄를 고백하고 눈물로 회개하며 용서를 빌었다. 내가 주님의 용서를 받고 성령의 깨끗하게 하시는 능력이 나를 향해 흘러들어오고 있음을 느끼면서 나를 지배하던 종교의 영에게 떠나도록 명령했다. 그 순간 어떤 악령이 나의 목을 잡고 조르는 것을 느낄 수 있었다. 나는 숨이 막히면서도 예수의 이름으로 자유케 되었음을 외쳤다. 내가 이 악령과 한동안 씨름하면서 느낀 것은 이런 종교의 영이 나의 삶을 파멸시킬 수 있다는 것이었다. 겨우 숨을 돌리고 몸에 생기가 다시 돌기 시작하자 나는 주님께서 주신 이상과 기적 같은 은사를 다시 쓸 수가 있었다.

더욱 흥미로운 것은 이 일이 있은 지 몇 년 후에 베스 목사님이 이 이야기를 어떤 모임에서 듣고서는 목사님이 독일의 그 집회 장소에 들어갔을 때 하나님께서 역사하고 계신 것을 바로 느낄 수 있었다고 말씀하신 것이다. 당시 목사님은 사업 때문에 은행에서 일을 보고 돌아오는 길이었다. 그런데 집회 장소로 들어가는 순간 하나님께서 사람들 사이에서 깊이 역사하시는 것을 눈으로 볼 수 있었으며 또한 그분 자신도 거룩한 장소에 있다는 것을 느낄 수 있었다고 하셨다. 따라서 그 당시에 세상일로 분주했던 목사님 자신이 아직 깨끗하게 되기도 전에 마이크를 잡는 것이 죄라고 느끼셨다는 것이다. 그날에 받은 이 교훈이야말로 얼마나 값진 것인가!

::축사 능력을 버리다

내가 축사 능력을 받기 얼마 전에 사랑하는 친구 빌리 보트라이트(나와 함께 자주 강연 여행을 하는 여자 친구)가 심장 수술을 받아야 했다. 그녀의 심장 박동은 한동안 불규칙적이며 비정상적으로 뛰고 있었다. 많은 친구가 그녀에게 안수하면서 낫게 해달라고 기도했지만 그녀의 병은 점점 더 나빠졌다. 당장 수술을 받지 않으면 사망할 것처럼 보였다.

빌리의 담당 의사는 유능한 의사로 그녀가 받으려는 새로운 수술 방법을 개발한 능력 있는 의사였다. 그녀의 수술 성공 가능성은 대단히 높았으며 의사도 빌리의 심장 수술이 성공하고 병이 치유될 것이라고 확신하고 있었다. 그러나 빌리는 마취가 되지 않는 특이한 체질이라 어쩔 수 없이 의식이 있는 상태에서 수술을 할 수밖에 없었다. 그녀가 수술 중에 일어나는 모든 것을 느낄 수 있었으며 괴로운 고문을 당하는 것과 같은 고통을 받았으리라는 것을 짐작할 수 있다. 열 시간이라는 긴 수술을 받는 동안 그녀가 더 이상 버틸 수 없겠다고 판단한 의사들은 수술을 중단했다. 당황한 의사들은 수술이 실패했다고밖에 생각할 수 없었다. 담당 의사는 그녀의 진료 기록부에 "이 환자의 수술은 실패하였다. 이 환자는 비정상적인 심장을 그대로 가지고 살아야 할 것이다. 이 환자가 얼마나 오래 살 수 있을지 알 수 없다"고 기록하였다. 사실 그 수술은 그녀가 바라던 유일한 희망이었다.

그 수술은 내가 참석한 집회에서 주님께서 나에게 종교의 영에 대하여 계시하시던 바로 그 시간에 진행되고 있었다. 그 당시 나는 이 집회에 참석해야 할지 아니면 상당히 멀리 떨어져있는 곳에서 수술을 받는 빌리와 함께 있어야 할지를 선택해야 했다. 주님께서 다른 어려운 일이 있어도 집회에 참석하라고 말씀하시는 것을 들었기 때문에 나는 집회에 참석했다. 수술이 끝나고 며칠 후에 빌리가 전화해서, "토미 목사님, 하나님께서 목사님에게 다른 나라들을 위한 전략을 주셨군요. 만일 목사님께서 저의 치유를 위해 주님의 전략을 기도하지 않으셨으면 저는 죽었을 것이고 목사님은 같이 여행해야 할 다른 사람을 또 훈련시켜야 했을 거예요"라고 말했다. 이 말이 내 마음을 찔렀다. 그녀의 말이 옳았다. 그녀는 죽었을 것이다.

그녀가 수술을 받기 전에 거룩하고 능력 있는 주님의 종들이 강력한 치유의 능력으로 빌리의 몸에 안수했지만, 주님은 그녀를 치유하지 않으셨다. 사실 나는 하나님이 택하신 강력한 사역자가 안수할 때만 그녀와 함께 있었다. 그 당시 나는 "빌리는 나의 안수가 필요하지 않아. 이 사역자야말로 치유 사역자로 기름 부음을 받은 사람이니 나와 다를 거야"라고 생각했다. 따라서 나는 그들이 둥글게 모여서 내 사랑하는 친구에게 안수 기도를 하는 동안 옆에 서서 기도하는 말에 동의만 했었다. 나중에야 나는 나의 안수와 그들의 안수가 차이가 있다고 생각했던 것 자체가 종교의 영이라는 사실을 알게 되었다.

그러나 이제 주님은 그 종교의 영에서 나를 끌어내셨고, 나는 주님이 내게 주신 치유의 은사를 내버려둔 것을 회개하였다. 그분의 계획하심을 명백히 알게 되었다. 내가 주님의 명령을 따르지 않고 집회에 참석하지 않았다면, 주님이 주신 능력을 받는 것을 거부하고 치유의 은사를 받을 기회를 놓쳤을지도 모른다. 빌리가 절망 가운데서 내게 전화했을 때 나는 그녀를 위하여 기도하고 기적이 일어나는 것을 보라고 하나님께서 부르신다는 것을 알았다. 그래서 나는 하나님의 전략이 무엇인지 알려달라고 기도할 것이라고 말했고, 즉시 기도하였다.

주님은 세 명이 빌리에게 손을 얹고 기도하는 모습을 보여주셨다. 이때 각자 빌리가 치유되는 데 필요한 작은 퍼즐 한 조각씩을 가지고 있었다. 나는 하늘을 감동시키는 힘과 권세를 가진 사람으로서 악한 영들에게 그녀를 떠나라고 말할 수 있었다. 나는 청원하는 기도(예를 들면 "주님, 빌리를 낫게 해주세요")에서 선포와 선언의 기도(예를 들면 "주 예수의 이름으로 명하노니 악한 영은 하나님의 뜻에 복종하고 빌리는 일어날 것을 선포한다")로 바

줬다. 그것이 비록 자랑처럼 들릴지는 몰라도, 종교의 영이 주님께서 이 일을 위하여 내게 기름 부으신 것을(4장에서 더 상세히 설명됨) 잊어버리게 하였다. 그리고 이제는 진정한 기름 부으신 뜻으로 들어가야 할 때가 온 것이다.

화요일에 빌리가 전화를 했는데 그 짧은 순간에 나는 주님의 계획을 알게 되었고 따라서 필요한 조정을 하였다. 나는 비행기로 여행하고, 다른 중보 기도자는 여덟 시간 운전을 해서, 금요일에는 빌리의 고향에 있는 세 번째 중보 기도자와 함께 빌리의 생명을 해치려는 불가사의하고 더러운 힘과의 전쟁을 선포하려고 빌리의 고향에서 모였다. 아침 열시에 빌리의 집에 모여서 기도를 시작했다. 우리는 저녁 여섯시까지 강력하게 영적 전쟁을 치렀다. 빌리는 온전히 치유되고 자유롭게 되었다. 수많은 전문의가 당혹스러워 하였으나 빌리의 심장 박동은 정상으로 돌아왔고 그 이후부터 전혀 무리 없이 강한 운동도 할 수 있었으며 주치의는 그녀의 심장이 육상 선수와 같다고 선언하였다.

:: **진정한 자유**

주님께서 과연 내게 있는 종교의 영을 고백하지 않은 상태에서도 빌리를 치유하셨을까? 항상 그렇듯이 주님의 사역은 완전하셔서 그분은 나를 종교의 영에서 자유하게 해주셨을 뿐만 아니라 나의 사랑하는 친구를 완전히 치유하기 위하여 나의 경험과 능력을 사용하셨다. 하나님은 종교의 영이 어떻게 조종하는지 깊이 이해할 수 있도록 나의 이런 경험을 사용하셨다.

그분은 나에게 이러한 영이 어떻게 그리스도의 몸 안에 있는 수많은 성도로 하여금 하나님의 기름 부으심이 얼마나 깊은지 알 수 없도록 얽매어놓는지를 확실히 보여주셨다.

주님은 나에게 종교의 영을 어떻게 이길 수 있는지를 보여주셨고 나를 종교의 영으로부터 완전히 자유하게 해주셨다. 이 책을 읽는 모든 나의 기도 동역자들은 종교의 영이 어떻게 여러분을 대적하는지 깨닫고, 또한 여러분의 삶에서 역사하시는 완전하고 강하신 하나님의 능력으로 진정한 자유를 누릴 수 있기를 바란다.

2장

오래된 모조품
The Ancient Counterfeit

    수년 전에 종교의 영으로부터 자유하게 된 후에, 나는 종교의 영을 철저히 발견할 수 있는 요령을 만들어 그리스도의 몸인 교회 안에 있는 다른 사람들에게도 자유함을 주기 위하여 유사한 경험들을 정리하였다. 내가 인간의 정욕이나 죽음 또는 반항의 영처럼 하나님의 본래 목적과는 상반되는 다른 영들보다 특별히 종교의 영에 대하여 왜 이렇게 많은 시간과 노력을 들였는지 아는가? 사탄은 하나님께서 창조하신 모든 만물에 대항하는 가짜 즉 거짓을 가지고 속일 뿐만 아니라 사악한 종교의 영을 만들어 올바르게 믿는 자들의 거룩한 영을 속이려고 엄청난 노력을 하고 있기 때문이다.

    사악한 종교의 영은 하나님의 흉내를 너무 잘 낼 수 있고 대부분의 그리스도인의 감시 레이더망 아래로 숨어 다닌다. 그래서 많은 그리스도인이 사악한 종교의 영에 붙잡혀서 자신에게 무슨 일이 일어나고 있는지도 제대로 알지 못한다. 그러므로 하나님께서 그들에게 진정으로 원하시는 것이 무엇인지 거의 모르는 상태에서 신앙생활을 하게 된다. 정욕, 죽음, 또는 반항의 결과는 거의 명백하게 드러나기 때문에 쉽게 알 수 있지만, 종교의 영은 거룩하고 선한 것으로 위장하여 나타나서 우리가 쉽게 알 수 있는 악한 영들보다도 더 사악한 기만술을 부린다.

사실 종교의 영은 수많은 계층의-개인, 가정, 교회, 지역사회와 전 세계-영적 부흥에 대항하는 사탄의 가장 중요한 무기라 할 수 있다. 종교의 영의 중요한 역할은 그리스도인으로 하여금 종교적인 생각과 예배 형식에 사로잡히게 해서 결과적으로 그들을 앞으로 나아가게 하는 하나님의 음성을 들을 수 없게 만든다.

이처럼 주님의 음성을 정확히 듣지 못하면 개인이나 가정이나 교회나 지역사회가 침체되어 제자리걸음을 하게 되고 신앙의 부흥이 일어날 수 없다. 부흥이 일어나려면 주님의 음성을 들은 후에 이전과는 달리 태도와 생각 그리고 반응하는 방법에 변화가 있어야 한다. 우리는 이런 변화를 기꺼이 수용해야 할 뿐만 아니라 우리의 의지를 하나님의 뜻에 맞추어야 한다. 그때 종교의 영에 의한 위선적인 신앙생활이 우리를 어떻게 실패하게 했는지 그 원인을 올바로 이해하게 될 것이다.

::**무엇이 종교의 영인가?**

다음 장들에서 계속 종교의 영이 어떻게 그들의 목표를 달성하는지 더 구체적으로 설명할 것이다. 그러나 그보다 먼저 무엇이 종교의 영인지 깨닫고, 이 악한 영이 성경에서 어떻게 우리를 속이는지를 알아야 한다.

첫 번째로 지적하고 싶은 것은 종교의 영은 사탄 그 자신이 아니라는 것이다. 이는 오히려 특별한 임무를 지닌 아주 고차원적인 마귀의 행동 그 자체다. 피터 와그너 목사는 종교의 영을 다음과 같이 정의하였다. "종교의 영은 위선적인 신앙생활이라는 방식을 이용하여 성도의 변화를 막고 현상유지만 하도록 사탄이 임명한 부하가 벌이는 작업이다."[1] 클락(Jonas Clark) 목사는 여기에 추가하여 "종교의 영이란 마귀의 능력으로 성도를 무력화시켜 경건하고 의로우며 훌륭한 영적인 생활을 할 수 없도록 영향을 주는 것이다. 따라서 종교의 영은 아주 분명한 계획을 가지고 예수님에 대한 성도들의 이해와 하나님께서 그분의 영광스러운 교회를 세우시기 위하여 쏟으시는 노력에 성도들이 동참하는 것을 방해하고 있는 것이다"[2]라고 정의하였다.

::대장과 많은 부하

종교의 영에 대한 위와 같이 훌륭한 정의를 명확히 이해하기 위하여 좀 더 설명을 하자면, 나는 이 책을 서술하면서 기본적으로 다음 가정에서 출발하였다. 즉 사탄의 군대에서 장군의 역할을 하는 악한 영이 하나 있는데 그것이 종교의 영이다. 종교의 영은 하나의 개체로서 스스로 수많은 역할을 담당하지는 않는다. 대장 마귀는 사탄급 부대에서 자신에게 예속된 수많은 보병 부대를 거느린 종교의 영 부대의 지휘관인 셈이다. 따라서 낮은 차원에서도 수많은 종교의 영이라는 악한 영이 존재한다. 이런 뜻에서 사탄의 최종 지휘를 받는 종교의 영의 역할은 구원을 받은 여부에 관계없이 수많은 사람을 그의 손안에 잡아놓는 것이다.

이 책의 마지막 단원에서는 내가 어떻게 이런 종교의 영에서 탈출할 수 있었는지 그 경험담을 썼다. 내가 경험한 종교의 영은 두목이 아니라 여러 부하 중의 하나가 나를 괴롭힌 것 같다.

: : 오래전부터 존재한 적군

종교의 영에 대한 기본적인 정의를 이해하고 또한 수많은 종교의 영이 활동하고 있다는 것을 알게 되면 종교의 영이 새롭게 생긴 것이 아니라는 것도 알 수 있다. 종교의 영은 신약시대에 처음 생긴 것이 아니며 사탄과 함께 타락한 천사가 있던 시대부터 이미 존재해왔다.

> 하늘에 전쟁이 있으니 미가엘과 그의 사자들이 용과 더불어 싸울새 용과 그의 사자들도 싸우나 이기지 못하여 다시 하늘에서 그들이 있을 곳을 얻지 못한지라 큰 용이 내쫓기니 옛 뱀 곧 마귀라고도 하고 사탄이라고도 하며 온 천하를 꾀는 자라 그가 땅으로 내쫓기니 그의 사자들도 그와 함께 내쫓기니라(계 12:7-9)

사탄은 이렇게 땅으로 떨어지기 이전부터 그 지상 목표를 하나님처럼 되어서 성도들이 자기에게 예배하도록 속이는 것에 두었다.

> 너 아침의 계명성이여 어찌 그리 하늘에서 떨어졌으며 너 열국을 엎은 자여 어찌 그리 땅에 찍혔는고 네가 마음에 이르기를 내가 하늘에 올라 하나님의 뭇 별 위에 내 자리를 높이리라 내가 북극 집회의 산 위에 앉으리라 가장 높은 구름에 올라가 지극히 높은 이와 같아지리라 하는도다(사 14:12-14)

사탄은 예배를 받고 싶어 하는 지대한 욕망을 품고, 수많은 타락한 천사를 명하여 믿음의 성도들의 눈과 마음을 하나님으로부터 멀어지도록 유혹하여 어떤 모양이든지 신앙이라는 이름에 안주하도록 한다. 종교의 영은 어떤 사람들에게는 진리인 것처럼 속이기도 하고 또는 하나님의 뜻과 전혀 다른 신앙생활 속으로 집어넣기도 한다(더 상세한 설명은 다음 장에서 할 것이다). 또한 거짓 믿음으로 다른 사람들을 이끌고 가서 심지어 여호와 하나님을 경외하며 예배드리지 못하게 하거나, 예수님을 구세주로 받아들이지 못하도록 속인다.

:: 에덴동산의 사탄

성경에 처음 등장하는 종교의 영은 에덴동산에서 볼 수 있다. 에덴동산에서 사탄은 아담과 하와에게 다가가서 하나님께서 하신 말씀에 대해 질문한다. "하나님께서 정말로 그렇게 말씀하셨느냐?"는 것이 대화의 첫 시작이었다. 이 질문으로 인하여 두 사람은 원래의 무죄한 상태에서 타락하게 되었다. 하나님께서 하신 말씀의 진정한 뜻이 다른 데 있을 것이라고 하는 대적 사탄의 속임수에 넘어갔기 때문이다.

하나님께서 그들에게 하신 말씀의 본뜻을 바꿈으로써 사탄은 아담과 하와에게 의문을 품게 하고 결국에는 하나님의 말씀을 부정하게 만들었다. 부정한다는 말의 뜻은 어떤 것을 진리라고 믿었는데 이제는 진리가 아니라고 선포하며 이해하기를 거부함으로 진리를 부정하는, 즉 하나님의 권위와 통치를 거부하는 것을 의미한다.[3] 아담과 하와는 하나님께서 선악을 알게 하는 열매를 먹으면 "정녕 죽으리라" 하신 말씀을 부정하였는데 그들이 하나님의 말씀을 부정하도록 유혹하는 것이 사탄에게는 그리 어려운 일이 아니었다. 그때까지만 해도 그들에게 죽음이라는 것이 존재하지 않았다. 하나님께서 아담과 하와를 창조하셨을 때는 죽음이 없는 인간으로 창조하셨기에 그들에게 죽을 것이라는 분명한 의미를 전할 수 없었을 것이다. 그들이 볼 때는 모든 일이 하나님께서 하시는 일방적인 방향으로 진행되었기 때문에 하나님께서 그것을 변경하지 않을 것으로 믿었을 것이다. 그래서 아담과 하와는 하나님께서 그들에게 주신 권위를 부정하는 대신 더 호기심이 생기는 속이는 말을 선택했던 것이다.

그 결과 그때까지 그들이 경험했던 모든 환경이 변화되었다. 그리고 비로소 하나님께서 그들에게 하신 말씀의 진정한 뜻이 무엇인지 깨닫게 되었다. 사탄은 그들의 믿음을 타락시키는 데 성공했을 뿐만 아니라 하나님과의 관계를 단절시켜서 더 이상 그분과 얼굴을 맞대고 대화할 수 없게 만들었다. 결국 사탄은 인간을 죽음으로 몰고 가는 데 성공한 것이다.

성경은 사탄의 부하 중의 하나가 아니라 사탄이 직접 하와를 속였다고 분명히 말하고 있다. 그리고 이것이 구체적으로 종교의 영이라고 말하지는 않았지만, 사탄이 하와를 유혹했던 것이 바로 종교의 영이 사용한 고전적인 전략이다. 하나님의 사람들을 파멸시키는 데 사용된 전략이 그 옛날에도 존재했었다는 것을 알 수 있다. 이처럼 에덴동산에서 사탄이 사용한 유혹은 지금도 종교의 영과 밀접하게 관련되어있다. 종교의 영은 하나님께서 뜻하신 바를 잘못 듣도록 유인하여 우리로 하여금 부흥의 영광에 동참하지 못하도록 방해한다.

::승리 후에도 전투는 계속된다.

하나님의 위대한 종이며 선지자인 엘리야가 바알 숭배자들에 대항하여 벌인 치열한 영적 전쟁에서 승리한 후에도 종교의 영은 그를 공격했다(왕상 18-19장). 이 영적 전쟁에서 엘리야는 바알 숭배자들과 능력 대결을 벌였는데 하나님의 놀라운 능력으로 바알과 아세라 우상 숭배자들을 무찌르고 완전하게 승리하였다.

엘리야가 승리를 얻은 후에도 이세벨은 바알 숭배자들 앞에서 엘리야를 반드시 죽이겠다고 맹세하였다. 성경은 이세벨이 두려워서 광야로 도망친 엘리야의 모습을 이렇게 표현한다. "스스로 광야로 들어가 하룻길쯤 행하고 한 로뎀나무 아래 앉아서 죽기를 구하여 가로되 여호와여 넉넉하오니 지금 내 생명을 취하옵소서 나는 내 열조보다 낫지 못하니이다"(왕상 19:4).

하나님께서 엘리야에게 천사를 보내어 음식과 물을 주어 힘을 얻게 한 다음 사십 일을 걸어 하나님의 산인 호렙 산으로 인도하셨다. 거기서 하나님께서 엘리야를 만나시고 그가 해야 할 일을 지시하실 때에 엘리야는 다음과 같이 대답한다. "내가 만군의 하나님 여호와를 위하여 열심이 특심하오니 이는 이스라엘 자손이 주의 언약을 버리고 주의 단을 헐며 칼로 주의 선지자들을 죽였음이오며 오직 나만 남았거늘 저희가 내 생명을 찾아 취하려 하나이다"(왕상 19:14).

엘리야의 이 두 가지 대답은 전형적인 종교의 영의 전략을 보여주는 것으로, 하나님 중심의 생각을 버리고 엘리야 자신의 처량한 신세에 초점을 맞추게 하였다. 첫 번째, 엘리야는 전능하신 하나님이 기적으로 자기가 처한 곤경으로부터 구원하여주셨던 사실을 부정하였다. 그는 자신의 목숨이 무가치하다고 믿고 하나님께 자신의 목숨을 끊어달라고 간청하였다. 두 번째, 그는 마치 자신이 혼자만 남은 것처럼 버려졌다고 생각했다. 그럼에도 불구하고 하나님께서는 엘리야에게 혼자가 아니라는 것을 보여주시고 할 일을 지시하심으로써 그의 요청에 응답하셨다. 하나님께서 말씀하시기를 "그러나 내가 이스라엘 가운데 칠천 인을 남기리니 다 무릎을 바알에게 꿇지 아니하고 다 그 입을 바알에게 맞추지 아니한 자니라"(왕상 19:18).

아무리 위대한 하나님의 선지자라도 하나님의 속성을 철저히 알고 이런 악한 영의 속임수에 대항해야 한다. 엘리야는 하나님이 진정 어떤 능력의 소유자인지 믿지 않았다. 오히려 자신은 가치 없고, 하나님이 버린 자며, 하나님을 따르는 사람은 자기 혼자밖에 남지 않았다고 믿었다. 엘리야도 아담과 하와처럼 순진하고 의심이 없는 사람이 아니라 연약한 순간에 그에게 다가와 속삭이는 속이는 영의 유혹에 넘어졌다. 성경에서는 구체적으로 이러한 종교의 영에 대해 말하지는 않았지만 공격 방법이 종교의 영과 너무나 흡사하기에 나는 이것을 종교의 영이라고 부른다. 종교의 영은 지상에서 하나님의 대변인 역할을 하는 선지자들을 매우 싫어한다. 종교의 영은 과거부터 지금까지 지상에서 외치는 하나님의 예언적 말씀을 필사적으로 파괴하려 들고 있다.

위의 두 가지 사건은 구약성경에서 종교의 영이 하나님은 능력이 없다거나 그분은 약속과 맹세를 지키지 않을 것이라고 하나님의 말씀을 왜곡하여 하나님을 믿지 못하도록 유혹하는 전략을 썼던 수많은 사건 중에서 두 가지 예에 불과하다. 이스라엘 백성조차 대적들의 이러한 거짓말에 속아 전능하고 유일하신 하나님이 아닌 다른 것에 의해 자신들이 인도되었고 구원받았고 그것의 능력으로 그들이 번성할 것이라고 믿었다. 종교의 영이 사용하는 고전적인 수법은 지금도 하나님의 백성인 우리에게 사용되고 있다.

::바리새인의 영

성경에서 종교의 영이 가장 잘 드러나는 것은 바리새인들의 위선, 교만, 그리고 독선적인 전통과 경직된 율법주의다. 종교의 영의 역사는 이 종파보다 훨씬 이전부터 있었으나 예수님께서는 '바리새인의 영'이라고 수시로 거론하셨다. 바리새인들은 궁극적으로 예수님의 죽음에도 근본적인 원인 제공을 한다. 이 책 전체를 통하여 바리새인의 영이 어떻게 종교의 영과 같은지 계속하여 살펴볼 것이다.

지금부터 예수님께서 바리새인의 위선을 어떻게 생각하셨으며 그들을 어떻게 저주하셨는지를 살펴보자.

화 있을진저 외식하는 서기관들과 바리새인들이여 너희는 교인 하나를 얻기 위하여 바다와 육지를 두루 다니다가 생기면 너희보다 배나 더 지옥 자식이 되게 하는도다 화 있을진저 소경된 인도자여 너희가 말하되 누구든지 성전으로 맹세하면 아무 일 없거니와 성전의 금으로 맹세하면 지킬지라 하는도다 우맹이요 소경들이여 어느 것이 크뇨 그 금이냐 금을 거룩하게 하는 성전이냐 너희가 또 이르되 누구든지 제단으로 맹세하면 아무 일 없거니와 그 위에 있는 예물로 맹세하면 지킬지라 하는도다 소경들이여 어느 것이 크뇨 그 예물이냐 예물을 거룩하게 하는 제단이냐 그러므로 제단으로 맹세하는 자는 제단과 그 위에 있는 모든 것으로 맹세함이요 또 성전으로 맹세하는 자는 성전과 그 안에 계신 이로 맹세함이요 또 하늘로 맹세하는 자는 하나님의 보좌와 그 위에 앉으신 이로 맹세함이니라 화 있을진저 외식하는 서기관들과 바리새인들이여 너희가 박하와 회향과 근채의 십일조를 드리되 율법의 더 중한 바 의와 인과 신은 버렸도다 그러나 이것도 행하고 저것도 버리지 말아야 할지니라 소경된 인도자여 하루살이는 걸러내고 약대는 삼키는도다 화 있을진저 외식하는 서기관들과 바리새인들이여 잔과 대접의 겉은 깨끗이 하되 그 안에는 탐욕과 방탕으로 가득하게 하는도다 소경된 바리새인아 너는 먼저 안을 깨끗이 하라 그리하면 겉도 깨끗하리라 화 있을진저 외식하는 서기관들과 바리새인들이여 회칠한 무덤 같으니 겉으로는 아름답게 보이나 그 안에는 죽은 사람의 뼈와 모든 더러운 것이 가득하도

다 이와 같이 너희도 겉으로는 사람에게 옳게 보이되 안으로는 외식과 불법이 가득하도다(마 23:15-28)

와! 이 얼마나 엄한 책망인가! 이 말씀을 로버트 하이들러(Robert Heid-ler)는 다음과 같이 예리하게 분석을 하였다.

> 예수님께서 바리새인들과 무슨 문제가 있었는가? 바리새인은 하나님의 진리를 받아서 그것을 위선적인 종교 행사로 바꾸어버렸다! 그들은 하나님과의 내면적인 관계의 진리를 밖으로만 나타나는 외형적인 모양에만 치중하는 것으로 바꾸어버렸다. 신약성경의 말씀은 이러한 바리새인들의 위선적인 종교 활동을 마귀의 것이라고 지속적으로 지적하고 있다.[4]

:: 거대한 가짜

내가 이 장의 시작에서 쓴 것처럼 종교의 영은 성령의 사역을 속이는 일을 한다. 바리새인들은 성령의 임재하심이 없는 단순히 형식적인 종교 생활만 따를 것을 주장하고 있다. 이 모든 것은 사탄의 계획이다. 성경은 종교의 영이 자신을 "빛의 천사"(고전 11:14)라고 속이며 그의 궁극적인 목표는 사람들이 그를 경배하도록 만드는 데 있다고 분명히 알려준다. 바리새인 자신들도 속임을 당했다. 바리새인들은 의로운 것처럼 보였으나 실제로는 하나님과 진정한 관계를 맺지 않았다. 모세의 율법만 섬기다 보니 하나님을 섬기는 그들의 헌신이 실패로 돌아간 것이다. 사탄의 중요한 전술 중 하나는 아주 선하고 성스럽고 의로운 것처럼 해서 우리가 가짜를 믿도록 하는 것이다. 이런 가짜가 바로 이단이다.

이단은 기독교라고 할 수 없다. 예를 들어, 어떤 사람이 교회에 다닌다고 해보자. 물론 좋은 일이지만 그것만이 하나님께서 원하시는 목적은 아니며 하나님은 그 중심을 보신다. 하나님은 하나님의 백성이 단순히 종교적 행사에만 몰두하는 것을 원치 않으시며 모든 백성이 하나님과 친밀해지기를 원하고 영혼 대 영혼의 깊은 관계를 원하신다. 교회에 다니면 하나님과의 관계가 더욱 밀접하게 되고 성도들과의 관계도 돈독해진다. 그러나 예수님과 아무 관계도 없이 교회를 다니는 것은 거짓 그리스도인의 행동이다. 성령님이 없는 형식적인 신앙의 모습이다.

이 문제가 바로 내가 이야기하려는 내용의 핵심이다. 종교의 영은 이 세상에서 하나님의 말씀에 대항하여 끊임없이 그 말씀을 왜곡하려고 노력하고 있다. 그러나 우리가 기뻐할 소식은 종교의 영이 단지 가짜일 뿐이라는 것이다. 비록 오래전부터 존재했지만 지금은 그때만큼 위력을 가지고 있지는 않다. 궁극적으로 종교의 영은 위대하신 하나님과는 비교될 수 없는, 단지 패배한 영일 뿐이다. 그럼에도 불구하고 이런 종교의 영, 즉 오래전부터 성령으로 위장한 가짜는 하나님의 백성의 삶에 침투하여 잘못된 영향을 주고 좌절시키고 있다. 이제부터 이 사탄의 능력이 어떻게 그들의 임무를 이루어나가는지 자세히 살펴보기로 하자.

3장

종교라는 진흙탕에서 돌리는 수레바퀴
Spinning Our Wheels in the Mud of Religion

    종교의 영은 형식적인 종교 생활을 통하여 우리의 생활에 가장 큰 영향을 주고 있다. 형식적인 종교 생활은 하나님과의 진정한 관계보다는 특정한 교회법 또는 율법이나 교회 내의 의무 같은 것에 믿음 생활의 기초를 두고 있다. 우리는 이러한 형식적인 종교 생활 때문에 성령께서 주시는 진정한 자유와 진리로 인도하시는 하나님을 아는 지식을 얻는 대신에 형식과 관습과 교회에 대한 의무 같은 것에 얽매여 죄와 두려움에 항상 억눌려있다. 그러므로 형식적인 신앙은 우리의 진정한 믿음을 옭아맨다. 하나님과 친밀한 관계를 맺은 성도는 자기의 진정한 사명을 향한 자유와 해방을 맛보게 될 것이다.

    하나님의 사람이 형식적인 종교 생활에 안주하기보다 하나님의 진정한 뜻을 이루는 데 충실하면 우리의 적들의 계획이 철저하게 실패하는 중대한 상황에 놓이게 될 것이다. 하나님의 부흥과 능력 사역은 교회로 은밀하게 침투한 종교의 영에 의해 방해를 받아왔다. 종교의 영만큼 교회에 손해를 입힌 것은 없었다.

:: **형식주의**

종교의 영은 하나님의 계획과 목적을 왜곡하기 위하여 모든 수단과 방법을 가리지 않고 시도한다. 종교의 영의 영향을 직접 받고 굴복한 사람들은 그들이 어떻게 속았는지 전혀 모르고 자신은 진정으로 옳은 일을 하고 있다고 믿는다. 그리스도인들이 종교의 영에게 자주 속아 넘어가는 한 가지는 형식적인 종교의식이다.

형식이란 단어의 정의는 다음과 같다. "어떤 일정한 행동이나 절차를 따르거나 실천하기 위해 정해지고 기록된 절차와 정리된 의식을 진행하는 행동 방식, 규칙적이고 정확한 방식."[1] 그렇다면 모든 형식은 다 나쁜 것인가? 물론 그렇지 않다. 예를 들어보자. 성찬식이나 결혼예식이나 임직식, 세례식에 참여하고 하나님의 계명을 지키는 일들은 그리스도인의 일상생활이다. 이것들은 좋은 형식으로 우리가 기대할 수 있는 행동과 한계를 이해하는 데 도움이 된다.

형식주의의 가장 큰 문제는 우리가 하나님과 계속 밀접한 관계를 맺지 않고 없이 즉 사랑과 존경하는 마음 없이 하나님의 일을 행할 때 발생하는 것들이다. 우리가 성령 안에 있는 것보다 형식주의에 매달리면 성령의 열매를 맺지 못하는 형식적인 종교 생활에 빠지게 된다.

많은 사람이 자신은 올바른 교회를 다니고, 올바른 종교 생활을 하고 있기 때문에 구원받았다고 생각한다. 예를 들어, 나의 남편 랄프(Ralph)는 아주 건전하고 독실한 기독교 가정에서 자랐다. 그들은 매일 아침 식탁에서 예배를 드렸고 랄프는 동네 루터(Lutheran) 교회에서 개최한 일요 성경 학교에 한 번도 결석한 적이 없어서 열여덟 개의 개근상 메달을 받았다. 랄프는 그의 가족이 그리스도인이므로 자신도 당연히 그리스도인이라고 믿었다. 이 생각은 그가 서른두 살이 되어 자신은 이름뿐인 그리스도인이고 예수님을 자신의 주와 구세주로 받아들이는 것이 필요하다고 알게 될 때까지 계속되었다.

천주교에서는 그들이 고해성사를 하거나 이미 기록된 기도문을 반복하여 암송하면 구원을 받는다고 믿고, 또 침례교에서는 가끔 그들이 물속에 완전히 잠기는 침례를 받아야 구원받는다고 생각하는 사람들이 있다. 그러면 우리가 주일마다 교회에서 예배를 드리고 주일 학교에 참석하거나 세례를 받는 것이 잘못된 것인가? 물론 그렇지 않다. 이 모든 것은 좋은 일이다. 문제는 우리가 하나님의 영인 성령보다 이런 행위 자체에 매달릴 때 생긴다. 즉 이러한 행위는 우리로 하여금 기분 좋게 느끼게 하고 옳은 일을 했다고 생각하게 한다. 그러나 정말 하나님을 기쁘시게 한 것은 하나도 없는 형식주의에 지나지 않는다.

종교의 영은 두 가지 방법으로 우리를 형식주의로 몰아간다. 첫째, 주변 사람들의 인정을 받으려고 형식주의를 따라가게 한다. 우리는 우리의 외형적인 행동이 올바르고 의로운 일이라고 주변 사람들이 믿게끔 행동한다. 종교의 영이 우리에게 형식주의를 따라가도록 하는 또 다른 방법은 미신적인 종교 생활의 방법을 쓰는 것이다. 우리가 잘못 믿고 있는 것은 만일 A, B나 C 같은 일을 하면 마귀의 공격으로부터 보호를 받거나 하나님께서 우리를 위하여 특별한 것을 주실 것이라고 믿는 것이다. 따라서 우리는 하나님만을 신뢰하고 의지하는 것보다 특정한 결과를 얻기 위하여 어떤 형식적인 종교 행위에 속박당하게 된다. 종교의 영이 우리에게 미신의 형식을 만들어주기 위하여 두 가지 인간 성향을 이용하는데 첫째는 두려움이며, 둘째는 하나님을 자기 마음대로 조종하는 것이다. 이제 이 두 가지를 간략히 알아보자.

:: **두려움**

어떤 종류의 미신이든지 두려움을 만들어낸다. 예를 들면, 당신이 가는 길에 검은 고양이가 지나가면 나쁜 징조라거나, 거울을 깨면 칠 년 동안 불운이 찾아온다거나, 십삼 일과 금요일이 겹치면 무서운 일이 일어날 것이라고 믿는 등의 두려움이다. 미신은 이런 재앙을 피하거나 비켜 가게 하고 행운을 불러오게 하도록 토끼 발을 가지고 다니거나 벽에 말굽을 걸어놓거나 종교적인 장식물을 걸치거나 성경의 특정한 구절을 펼쳐놓고 여행을 떠나게 한다.

어떤 그리스도인은 찬송가를 계속 틀어놓거나 성경 구절을 집 안에 있는 모든 거울에 붙여놓으면 찬송가나 성경 구절이 어떤 초자연적인 능력을 발휘하여 자신을 보호해줄 것이라고 믿기도 한다. 이런 그리스도인들은 세속적인 미신 신봉자보다는 세련되게 보일지 몰라도 아프리카, 아시아 또는 라틴아메리카의 원시 문화 속에서 사는 사람들이 가지는 두려움이나 이를 이기려고 노력하는 미신 신봉자들과 크게 다를 바가 없다. 다시 한 번 말하지만 이 행동이 비록 선할지라도 문제는 그리스도인들이 자신을 진실로 사랑하고 보호하시는 전능하신 하나님을 믿기보다는 다른 것을 통해 두려움에서 벗어나려는 미신적인 믿음으로 행동하는 것에 있다.

두 여인을 예로 들어보자. 도로시(Dorothy)와 낸시(Nancy) 두 사람은 금으로 만든 십자가 목걸이를 십 년이 넘도록 목에 걸고 다닌다. 도로시는 예수님을 진정으로 사랑하고 예수님과 깊이 교제하고 있다. 도로시는 십자가 목걸이를 자기 믿음의 상징으로 생각하고 또 주위의 여러 사람에게 자신이 하나님의 딸이라는 것을 그 목걸이가 보여준다고 생각한다. 그녀가 목걸이를 빼지 않는 이유는 어떤 상황에서도 하나님께서 그와 함께하시고 그녀 자신 또한 그분께 의지할 수 있다는 것을 주야로 기억하게 하는 물건으로 생각하기 때문이다.

한편 낸시는 경건한 신자며 찬양대원이고 여전도회의 리더다. 그리고 매주 수요일 밤 기도회에 출석하지만, 자신도 어떻게 할 수 없는 커다란 두려움에 사로잡혀있다. 그녀의 삶은 사고나 강도, 각종 알레르기 또는 자연재해와 그 비슷한 종류의 걱정으로 가득하다. 그녀의 마음은 항상 전염병처럼 "만일 무슨 일이 있으면 어떻게 해"라는 걱정 속에서 헤매고 있다. 그래서 십자가 목걸이가 자신을 해치려는 악의 세력에 대항하여 자신을 보호해줄 수 있는 물건이라고 믿게 되었다. 그녀가 이 목걸이를 절대 빼지 않는 이유도 만일 그 목걸이를 빼면 자신이 두려워하는 모든 재앙에 스스로를 노출시키는 것이라고 믿기 때문이다.

도로시의 십자가 목걸이는 하나님을 믿는 그녀의 믿음의 상징물로 볼 수 있다. 반대로 낸시의 십자가 목걸이는 액운을 막아보겠다는 부적에 지나지 않는다. 낸시는 자신을 인도하고 보호하시는 하나님보다 작은 금속 조각이 초자연적인 보호 능력을 더 가졌다고 믿고 있는 것이다. 이것이 바로 종교의 영이 두려움을 이용하여 우리의 삶에 들어오는 전형적인 전술이다.

그러므로 형식주의로 귀결되는 두려움은 낸시처럼 곧 닥칠지도 모르는 악한 영에 대한 두려움이나 또는 자신의 연약함으로 인하여 하나님께서 벌을 내리셔서 나쁜 일이 생기거나 그분께서 보호하심을 거두어가실 것이라고 믿게 되어 생기는 두려움이다. 이것은 인간이 하나님과의 관계보다 미신에 의지하면서 생기게 되는 악순환의 모습이다. 하나님을 기쁘시게 한다는 이름의 각종 행사는 어떤 면에서는 하나님이 진정으로 원하시는 우리와의 마음의 관계를 떠나 종교적인 형식에만 매달리게 할 수도 있다. 더구나 이러한 일은 아무리 하여도 끝이 나지 않는다. 형식주의에 빠지게 되면 마귀를 물리치고 하나님을 기쁘게 해드린다는 이름으로 형식적인 종교 행사에 매달려서 이런저런 일을 계속해서 벌이는 일에만 몰두하게 된다. 이런 형식주의야말로 진흙탕 속에서 수레바퀴를 돌리는 것과 같아서 바퀴를 돌리면 돌릴수록 진흙탕 속으로 더 빠져든다.

:: 하나님을 조종

종교의 영이 인간으로 하여금 미신의 관습에 빠지도록 유도하는 데 사용되는 인간의 성향은 교묘한 조작에 의한 조종의 필요성이다. 이 경우 종교의 영은 우리가 어떤 일을 하게 되면 하나님께서 이렇게 응답하실 것이라고 유혹한다. 즉 우리가 하나님을 감동시키면 우리가 원하는 것을 받을 수 있다고 조작을 하는 것이다. 성령님의 인도하심으로 이 일을 하면 선한 일이 되지만 우리 자신의 욕구를 만족시키기 위하여 이런 일을 하면 형식적인 종교의식이 된다.

나는 많은 사람이 종교의 영에 이끌려서 하나님께서 이런저런 것을 해주기를 바라면서 금식을 하는 것을 자주 보았다. 또 다른 사람들은 하나님의 관심을 자기에게로 돌려서 자신이 원하는 것을 얻기 위하여 촛불을 켜놓기도 하고 향을 피우기도 하며 매일 작정하고 성경의 어떤 구절을 암송하는가 하면 하루 세 번씩 정한 시간에 특별한 방식으로 기도하기도 한다. 그러나 잘못 알고 행하는 실수를 범하지 말기 바란다. 어떤 방법으로든지 하나님을 우리 마음대로 조종할 수는 없다. 아무리 자주 종교의식이나 활동을 할지라도 하나님께서 무엇을 하시도록 만들 수는 없다. 우리가 그렇게 할 수 있다고 믿는 것은 종교의 영이 우리에게 그럴듯한 거짓말로 속였기 때문이다.

하나님은 우리를 위하여 일하기를 즐겨하신다. 그분은 우리를 이끄시고, 지도하며 보호하시고, 특히 그분은 우리에게 좋을 것을 주기 원하신다. 또한 하나님은 우리가 건강하고 힘차게 걸어 다니기를 원하시며 또 그분은 우리에게 자비와 친절을 베풀기 원하신다. 그러나 이 모든 일은 그분과의 관계를 지킬 때 흘러나오는 것이지 형식적인 신앙생활의 결과로 얻어지는 것은 결코 아니며 모든 것의 근본은 하나님 자신이며 우리가 아니다. 우리와 하나님과의 관계에서 볼 때 모든 것은 하나님 쪽에서 나온다.

우리도 이 관계에서 한쪽의 책임을 지고 있다. 이 책임에 대하여 나는 우리가 그리스도인으로서 해야 할 일과 반드시 하도록 명령받은 많은 일을 분명하고 정확하게 언급하기를 원한다. 우리는 영적인 규율과 규범을 지키며 살아야 한다. 성경은 우리에게 해야 할 생활의 규범을 분명히 보여주고 있으며 우리는 이것을 심각하게 받아들여야 한다. 그러나 이 모든 것은 하나님을 기쁘시게 하고 그분의 영광을 위하여 행해야 한다. 레오 로손(Leo Lawson)은 이 관계를 하나의 수학공식으로 명쾌하게 나타내었다. "형식주의-하나님과의 관계=종교 생활"[2]

::전통

형식주의와 유사하게 종교의 영이 우리의 수레바퀴를 진흙탕으로 몰아가는 또 한 가지 수단은 전통이다. 나는 먼저 전통 그 자체가 무조건 나쁜 것은 아니라는 것을 말하고 싶다. 어떤 가족이 전통을 가지거나 혹은 주변 사람들에게 친숙하고 평안한 일을 하는 것은 좋은 일임에 틀림없다. 성탄절에 선물을 교환하는 것이나 주일 저녁 만찬에 특정한 음식을 즐긴다거나 아이들이 잠들기 전에 자장가를 불러주는 것 등은 좋은 전통이다. 이 전통이나 관습이 잘못된 것은 전혀 아니다. 전통은 우리가 받은 문화유산을 이해하고 자신이 어떤 종류의 집단이나 문화에 속해있는지를 알게 하는 데 도움을 줄 수도 있다.

그러나 종교의 영이 우리의 전통에 들어와서 일을 하기 시작하면 우리는 매우 곤란한 일에 직면할 수밖에 없다. 종교의 영은 하나님의 말씀과 성령에 우리 삶의 기초를 두지 않고 전통이 우리의 삶을 지배하도록 만들어서 아름다운 전통의 의미를 퇴색시켜버린다.

내가 한국을 방문했을 때 전통 때문에 커다란 비극이 생길 뻔한 경험을 한 적이 있다. 한국 문화에서 가장 강력한 힘을 가진 전통 중의 하나는 부모를 공경하고 무슨 일이든지 부모의 뜻을 따라야 한다는 것이다. 어느 날 한 젊은 그리스도인 부부가 찾아와 말하기를 그들의 부모가 원하는 일이라 전통대로 부모의 뜻을 따라 이혼하기로 결정했다고 했다. 그래서 나는 그들에게 하나님은 그들의 부모를 공경하는 것보다 하나님을 더 공경하기를 원하신다고 설명하고, 하나님의 권위와 말씀을 거역하면서까지 다른 사람을 공경하는 것을 원치 않으신다고 권면했다. 그들은 이혼을 포기하고 그로 인한 어려움을 이겨내기로 하였다.

얼마 후에 이 부부는 아이를 가지게 되었는데 그 아이가 다운증후군이라고 의사가 알려주었다. 부모는 낙태하라고 했고, 그들은 또 다시 부모의 의견을 듣기로 했다. 그들이 낙태하기로 결정했다는 말을 듣고 나는 그들을 똑바로 쳐다보면서 강하게 충고했다. "절대로 안 돼요! 이런 짓은 하나님의 말씀을 어기고 하나님의 뜻을 버리는 것입니다." 그러나 그들은 이렇게 대답했다. "부모님께서 낙태를 명령하셨고 우리는 반드시 그렇게 해야 해요." 나는 다시 한 번 그들에게 낙태는 큰 죄라고 설명하였다. 그들은 또 한 번 완고한 전통을 깨고 아기를 낳기로 결정했다. 아기는 다운증후군이나 다른 어떤 질병도 없는 건강한 아기로 태어났다. 이 경우 종교의 영은 실패한 것이다.

:: 전통 대 성령

위의 부부의 예는 종교의 영이 한국의 문화, 가정 또는 교회까지도 전통이라는 이름으로 어떻게 깊숙이 침투했는지 보여준 하나의 예에 불과하다. 전통에 대한 하나의 정의는 다음과 같다. "문서화되지 않은 종교 법칙의 실체."³ 이 정의에 적합한 예는 종교의 영에 사로잡힌 바리새인들이다.

피터 와그너 목사는 다음과 같이 설명했다.

> 종교의 영은 소리 내어 떠들거나 글로 벽에 써놓지도 않고 방 안의 가구를 이리저리 옮기지도 않는다. 그래서 이 악한 영의 조종을 받는 사람들은 종교의 영이 존재하는지조차 알지 못할 수도 있다. 다시 말하면 사람들이 하나님의 뜻에 따라 행동하고 있다고 믿도록 성공적으로 속이고 있는 것이다.
>
> 예를 들면, 바리새인들이 예수님에게 말한 것도 그들의 믿음대로 한 것이라고 볼 수 있다. "바리새인들이 예수께 말하되 보시오 저희가 어찌하여 안식일에 하지 못할 일을 하나이까"(막 2:24), "당신의 제자들이 어찌하여 장로들의 유전을 범하나이까 떡 먹을 때에 손을 씻지 아니하나이다"(마 15:2). 바리새인들은 스스로 이런 말을 하는 것이 하나님을 잘 믿는 것으로

착각하고 장로들의 전통을 하나님의 말씀과 같은 수준으로 올려놓았다.[4]

전통이라는 이름의 '문서화되지 않은 종교 법칙의 실체'를 우리가 법적으로 존중하고 집착하게 되면 이런 전통이 신앙의 주체가 된다. 그러면 전통이 성령이 되어 우리는 전통이 이끄는 대로 모든 행동을 하게 될 것이다. 나는 체안(Che Ahn) 목사가 다음과 같이 말하는 것을 들은 적이 있다. "여러분의 위선적인 전통이 여러분의 삶 속에서 들리는 하나님의 말씀을 가치가 없는 공허한 것으로 만들어버렸습니다."

종교의 영이 성령이라고 우리를 속이는 것을 올바로 알려주는 말씀이다. 골로새서 2장 8절에서 바울이 우리에게 경고한 말씀을 보라. "누가 철학과 헛된 속임수로 너희를 노략할까 주의하라 이것이 사람의 유전과 세상의 초등 학문을 좇음이요 그리스도를 좇음이 아니니라."

:: 우리가 지금까지 그렇게 해왔던 일

우리가 이런 교묘한 함정에 자주 빠지게 되면 종교의 영이 우리를 교회에서나 개인 생활에서 모두 부흥을 누릴 수 없게 만들어버린다. 성령을 구하고 따르기보다 전통이라는 굴레 속에서 살아가면 하나님조차도 우리를 새로운 세상으로 인도하실 수가 없다.

내가 목회한 지역에서도 사람들이 "우리는 항상 이 방식으로 일을 해왔고 또 그것이 우리에게 유익한 것이었다"라고 말했다. 이 사람들은 변화에 대하여 저항할 뿐만 아니라 새로운 것을 받아들이는 일에 무척 서툴다.

나는 한국인 친구 김 이스라엘(Israel Kim)이 다음과 같이 말한 것이 마음에 든다.

> 전통은 사람들이 지금 현재 자기들이 하고 있는 일에 편안함을 느끼게 해주는데, 그 이유는 그들이 지금 사용하는 방법이 전에도 성공적이었고 교회도 이 방식대로 수년간 해왔기 때문이다. 이 부류의 사람들은 '변화'라는 말을 두려워한다. 전통적이 되면 어떤 사람이나 사물이 변화되는 것을 허용하지 않는다.
>
> '변화'는 무언가 안정적인 것이 아니기 때문에 불안한 말로 들리고 위험을 감수해야 하는 느낌을 준다. '변화'는 어떤 일을 다시 구성하는 일인데 이는 '전통'이 바라는 현상 유지의 상황이 아니다. 전통은 예측이 가능하다. 그러나 예측이 가능해도 기존의 질서가 유지되어야 하기 때문에 성령께서 들어오시는 것을 배척한다. 전통은 성령께서 이끄시는 새로운 일들을 절대로 받아들이지 않는다. 따라서 예측 가능성 자체가 오히려 새로운 일들을 제한시킴으로써 같은 일만 반복적으로 되풀이하면서 새로운 다른 결과를 얻기 위한 노력은 하지 않게 한다.[5]

여기서 문제는 하나님은 어제나 오늘이나 영원히 변치 않으시고 같으신 분이지만 그분은 한곳에만 정지되어 계신 분이 아니라는 것이다. 하나님께서는 우리를 더 높이, 더 좋은 것으로 인도하시기 위하여 항상 일하고 계신다. 이스라엘 백성이 싸웠던 모든 전쟁을 보면, 그들이 전쟁에서 승리하기 위해서는 늘 하나님께서 지시하신 새로운 전략이 필요했다. 예를 들면, 여리고 성을 무너뜨리기 위하여 이스라엘 백성이 사용한 전략(수 6장)은 다른 곳에서는 쓰지 않았다. 아말렉과의 전쟁에서 승리하려면 손을 높이 들고 있으라고 하나님께서 모세에게 명령하셨다(출 17:10-13). 또 다른 전쟁에서는 이스라엘 백성에게 그들을 대신하여 싸우시는 하나님의 구원을 서서 보기만 하라고 명령하셨다(출 14:13). 그러나 그들이 다른 전쟁에서도 그렇게 서서 아무것도 하지 않았으면 아마 무참히 죽임을 당했을 것이다.

이런 것이 바로 그리스도인의 생활 형태다. 우리는 항상 유연한 상태로 귀를 열고 성령께서 우리를 앞으로 인도하시는 바를 들으면서 살아야 한다. 어제 우리가 살았던 방식이 오늘의 전진을 위한 영적인 도구가 아닐 수도 있다. 그러므로 우리는 성령의 목소리를 들을 필요가 있고 그분의 명령을 따라서 전진하기를 즐겨해야 한다. 그러나 유연성을 속박하는 전통에 사로잡히게 되면, 이는 하나님께서 우리의 삶을 위하여 예비하신 하나님의 뜻을 막아버리게 되어 종교의 영이 승리하게 될 것이다.

사도 바울은 로마서 12장 2절에서 "너희는 이 세대를 본받지 말고 오직 마음을 새롭게 함으로 변화를 받아 하나님의 선하시고 기뻐하시고 온전하신 뜻이 무엇인지 분별하도록 하라"고 권면하였다. 바울은 하나님의 자녀들에게 그들의 전통적인 사고방식과 천박한 관습으로부터 떠나서 마음과 생각 그리고 태도를 새롭게 바꿀 것을 권고하고 있다. 그는 하나님의 자녀들에게 익숙한 과거의 종교 제도 자체가 더 이상 적절치 않다고 가르쳤다. 이런 낡은 길을 걷는 것은 하나님의 계시를 받는 것을 방해한다고 강조하였다.

　이는 초대교회뿐만 아니라 오늘날 우리에게도 동일하게 적용되는 말씀이다. 우리 각자는 남녀 불문하고 계속적으로 낡은 사고의 틀을 깨뜨리고 마음을 새롭게 해야 한다. 그리고 날마다 하나님의 새로운 계획과 방법을 계시를 통해 받아야 한다.

　우리는 형식주의, 두려움, 신앙의 전통들을 내버리고 하나님의 신선한 계시를 추구해야 한다. 이스라엘 백성처럼 우리도 승리를 보증하는 하나님의 새로운 전략을 알아야 할 것이다.

4장

교만이라는 더러운 입 냄새
The Bad Breath of Pride

종교의 영이 분명히 보여주는 또 하나의 특징은 교만이다. 누가 뭐래도 교만은 바리새인들의 전형적인 모습(행동)이다. 바리새인들의 교만한 영은 다른 사람들을 비하하면서 자신들만이 중요한 사람이라고 부추겼다. 그리고 모든 종교적인 해답을 자신들에게서만 찾아야 한다는 문화 속에서 조성된, 자신들만의 우월성을 믿고 있었다. 그들은 성경에 대한 지식이 많은 것과 모세의 율법을 이해하는 것을 대단히 자랑스럽게 여겼다. 사회적으로는 하나님의 위대한 종으로서 높은 평가를 받기 위하여 그들의 종교 생활을 최대한 드러냈다. 그들은 고린도전서 8장 1절 "지식이 사람을 교만하게 한다"는 말씀의 구체적인 표본이었다.

교만과 종교의 영은 사람에게 들어와서 사람이 교만한 생각을 가질 때 겸손하다는 인상을 주도록 함께 작용한다. 이 교만은 사람을 위선적인 영에게 붙잡히도록 만든다! 신앙의 교만은 자신의 생각대로 영적인 행동을 하면서 마치 자신이 하나님인 것처럼 다른 사람들에게 보이도록 한다. 하나님의 길을 따르는 것과 전혀 다른 것이다. 신앙의 교만은 자기가 삶의 중심에 있기 때문에 하나님을 삶의 중심에 모시는 대신에 "모든 것은 내게 있다"고 믿게 만들어버린다.

워치만 니(Watchman Nee)는 교만은 우리 영혼의 독이라며 다음과 같이 말했다.

> 사탄은 종종 신자의 영혼에 교만이라는 주사를 놓아서 잘난 체하고 우쭐대게 한다. 또한 사탄은 그 사람에게 자신은 하나님의 사역에 없어서는 안 될 아주 귀중한 사람으로 존중받기를 원하게 한다. 이러한 영은 "교만은 패망의 선봉이요 거만한 마음은 넘어짐의 앞잡이니라"는 잠언 16장 18절 말씀처럼 신자들이 넘어지는 중요한 원인 중의 하나다.[1]

바리새인들의 삶 속에서 교만을 찾아내는 것은 쉬울지 몰라도 그리스도인이 스스로 자신의 교만을 찾아내는 것은 쉽지 않은데, 그것이 바로 종교의 영이 원하는 바다. 하나님은 "교만한 자를 물리치시고 겸손한 자에게는 은혜를 베푸시기" 때문이다(약 4:6). 종교의 영은 우리가 교만이라는 그들의 계략에 빠지게 되면 하나님을 멀리 한다는 사실을 이미 알고 있다. 그렇다면 신자들이 교만에 빠져도 구원을 받을 수 있을까? 물론이다. 그러나 하나님께서 그들을 위하여 예비하신 복을 온전히 받을 수는 없을 것이다. 누구나 하나님께서 원하시는 대로 다 될 수 있는 것은 아니다. 교만은 적들이 신자들의 삶에서 승리할 수 있는 중요한 통로다.

나는 에드 실보소(Ed Silvoso)가 "교만이란 더러운 입 냄새(구취)와 같아서, 구취를 가진 사람은 언제나 자신이 이를 제일 나중에야 알게 된다"라고 말한 것을 여러 번 들었다. 스스로 구취 검사를 하려면 교만이라는 것의 다양한 특징을 똑바로 볼 수 있어야 한다. 그래야 종교의 영이 어떻게 나타나며 우리의 삶 속에 어떻게 침투해 들어오는지 좀 더 잘 이해할 수 있을 것이다.

::오만

오만이란 겸손한 척하거나 건방진 태도를 뜻한다. 오만은 "나는 당신보다는 나은 사람이야"라고 말하며, 인종차별이나 성차별에 근원을 두고 있다. 직업, 학문, 종교, 문화, 국가, 또는 다른 어떤 형태의 교만이든 나는 우수하고 상대는 열등하다는 관점을 가지고 있다.

어떤 사물 자체를 자랑스러워하는 것이 모두 나쁜 것은 아니다. 좋은 자존감과 하나님께서 우리를 아주 존귀하게 보고 계시다는 것을 이해하는 것은 매우 중요한 일이다. 하나님께서 우리에게 구원의 선물을 주신 것과 그분이 우리 삶 속으로 찾아오심을 인정하는 것은 좋은 현상이다. 우리가 어떤 어려운 목표를 달성했다고 하자. 당연히 자신이 먼저 즐거워할 것이다. 또한 우리는 자녀들을 자랑스럽게 여긴다. 이러한 느낌이나 행동 자체가 종교의 영이 조종하는 어떤 오만을 만드는 것은 아니다. 그러면 무엇이 다른가? 우리가 자신이나 자녀를 다른 사람들보다 대단히 중요하다고 간주하거나 우리가 이 세상에서 하나님의 역사를 위해 꼭 필요한 존재라고 생각하는 순간, 오만으로 인해 우리의 입에서 악취가 풍기기 시작한다.

::자기 정당화

자신의 죄를 변명하는 구실을 찾거나 자신의 연약한 성품을 인정하지 않을 때, 우리는 교만이라는 자기 정당화의 죄에 빠지게 된다. 주님이 나에게서 종교의 영을 축사하시기 전까지 자기 정당화는 나의 생활 속에서 큰 문제였다.

"나는 그리스인의 피가 반이 섞인 사람이다." 잘 알려진 영화 '나의 그리스식 웨딩'(My big fat Greek Wedding)에서 아주 적절히 표현한 것처럼 그리스인은 때때로 대단히 열정적인 사람들이다. 그들은 모든 일에 150%의 만족을 얻으려고 노력한다. 즉 행복하면 대단히 행복해하고, 슬플 때도 대단히 슬퍼하고, 화가 날 때는 대단히 화를 낸다.

그러나 나는 분노를 발하는 나의 죄 된 행위를 다루지 않고, 자기 정당화를 위해 그리스인의 모습을 사용하였다. 화가 나면 나는 말로 사람을 갈기갈기 찢어서 그들의 감정을 바닥에 떨어진 축제 종이꽃처럼 쌓아놓는다. 나는 입으로 악담을 퍼부으면서 이런 나의 분노를 조국의 전통을 핑계로 정당화한다. "내가 그리스인인데 별수 있나" 이것이 나의 중보 기도자들에게 발견되고, 진리를 직면하게 되었다. 나는 더 이상 나의 민족주의 뒤에 숨을 수 없었다. 하나님은 자기 정당화가 나의 삶 속에서 드러나도록 나의 중보 기도자들을 사용하셨다.

나에게 있어서 이것은 나의 문화이며 내 가족의 뿌리다. 그러나 이 행동을 정당화하는 것은 나의 삶을 다른 곳으로 몰고 갈 것이다. 예를 들면, 자기 정당화 습관은 정신적인 모욕감이나 나쁜 경험 등을 통해서 우리에게 침투할 수도 있다. "당신이 나를 (화나게, 슬프게, 아니면 이렇게 행동하게) 만들었어요"라고 말하는 것은, 지금 우리가 느끼고 행동하는 원인이 다른 어떤 사람의 책임 때문이라고 하는 자기 정당화의 악한 영에게 지배당하고 있는 것이다. 이런 사람은 과거에 다른 사람에게 해를 입히거나 바보스러운 짓을 했을 수도 있다. 그는 이 행동에 대하여 자신이 책임을 져야 한다. 그러나 행동을 한 그 사람에 대한 대응 방법은 상대방의 선택이지 그의 선택은 아니다. 다른 사람들의 행동이나 느낌 또는 반응에 대하여 책임질 필요는 없다. 그러나 자신이 어떤 일에 반응했던 방식에 대해서는 언제나 책임을 져야 한다. 다른 사람의 생각이나 행동을 비난하는 순간에 자기 정당화라는 악한 영을 선택하는 것이다.

어떤 사람은 학대받았던 쓰라린 경험이 있을 것이다. 이런 일은 내가 경험한 매우 익숙한 자기 정당화의 또 다른 형태다. 나도 대단히 난폭하고 학대가 심한 집안에서 자랐다. 부친은 알코올 중독자였고 어머니는 의사의 약물 처방에만 매달려 살았다(하나님을 찬양합니다. 두 분 모두 구원받고 자유를 누렸습니다!). 그리고 나의 오빠는 나를 죽이려고 했는데 한 번은 칼로, 또 한 번은 야구방망이로 죽이려고 했다. 그러므로 나는 이런 형태의 고통과 쓰라림을 어느 정도 이해하고 있다. 그러나 내가 고통을 지나 승리한 후에 이것 역시 내 자신의 죄악으로 인한 일을 자기 정당화한 것임을 깨달았다.

그 사람의 쓰라린 감정을 이해할 수는 있다. 그러나 하나님께서 그들을 자유롭게 하시려는 치유 사역을 통해 고침을 받을 필요가 있다. 만일 어떤 사람이 과거의 쓰라린 경험을 정당화하려고 계속 시도를 하면 악한 영이 그 사람을 쓰라린 경험 속에 묶어둠으로써 한 발자국도 앞으로 전진할 수 없게 한다.

왜 내가 교만을 다루는 부분에서 이 부정적인 예를 드는지 아는가? 교만이란 예측할 수 없는 여러 가지 형태로 우리에게 들어오기 때문이다. 하나님께서 우리를 보고 계시는 관점보다 자기를 더 존중하는 관점을 선택하면 그것이 긍정적이든 부정적이든 우리는 교만에 빠지게 된다. 그렇게 되면 자신이 하나님보다 더 크다고 말하는 것이 되고, 우리를 위한 하나님의 목적이나 계획과 상관없이 자기가 생각한 길을 택하게 될 것이다.

또한 하나님의 치유하시는 영역 안으로 들어가지 못하거나 아니면 하나님께서 능력이 부족해서 우리를 치유하실 수 없다고 믿어버린다. 어떤 경우에는 하나님께서 일부러 우리에게 이런 끔찍한 일이 생기도록 하셨다고 믿기도 한다. 이 문제는 다음에 더 자세히 다룰 것이다. 지금은 하나님의 말씀에 위배되는 어떤 것이라도 믿으면 교만의 형태 중 하나인 자기 정당화의 죄에 빠진다는 것을 명심하기 바란다. 이 교만은 종교의 영이 역사한 결과로 우리의 삶 속에서 더욱 확대될 수 있다.

:: 자기 의

자기 정당화는 "내가 그 무엇 때문에 이 길을 가게 되었다"라고 말하지만 자기 의는 불평해야 할 대상이나 사람이 필요 없다. 자기 의는 죄를 범한 자기 행동을 나쁜 것으로 보지 않거나, 적어도 다른 사람이 행한 것보다 나쁘지 않다고 여긴다. 종교의 영은 자기 의에 사로잡힌 사람들이 죄 그 자체보다도 죄의 정도가 더 중요하다고 생각하도록 함정에 빠뜨린다. 예를 들면, 자기 의에 사로잡힌 사람은 다음과 같이 말한다. "그래 내가 자식들에게 소리 지르고 가치도 없는 녀석들이라고 했지만, 그들을 때리거나 난폭하게 행동한 것은 아니잖아!"

하나님은 모든 죄를 같은 것으로 보신다. 하나님은 용서하지 못하는 것, 분열을 조장하는 것, 자기중심적인 것들이나 간음이나 도둑질이나 살인을 모두 같은 죄로 보신다. 우리는 자신의 죄를 용서하는 데는 무척 빠르다. 그리고 이런 것은 교회가 속아 넘어가는 원인이 되기도 한다. 우리는 다른 사람의 잘못은 호되게 비판하면서도 자신의 죄에 대해서는 눈감아버린다. 그래서 우리의 양심은 죄를 자각하라는 성령의 경고에 무감각해진다.

주님은 2005년 8월 걸프 만을 강타한 허리케인 카트리나가 지나간 직후에 나의 삶에 찾아오셔서 이 문제를 상기시켜주셨다. 뉴올리언스는 홍수로 황폐화되었고 수많은 그리스도인은 이처럼 부도덕과 죄악이 공공연하게 행해지는 도시에 하나님의 의가 나타나도록 기도할 때가 왔다고 생각했다. 그때 나는 뉴올리언스 시와 재난을 당한 시민들을 위한 기도회에 참석하고 있었다. 우리가 기도하는 동안에 주님께서 나에게 분명하게 말씀하셨다. '토미야, 너는 이 도시의 죄악에 기여하였다.'

나는 구원받기 이전에 뉴올리언스를 방문했던 일을 곰곰이 생각해 보았는데, 두 가지 특별한 기억이 떠올랐다. 첫 번째 방문은 신혼여행 때였는데 남편과 나는 술이 난무한 파티에 참석했고 심지어 나체쇼까지 구경했다. 두 번째는 결혼 삼 주년 기념으로 마르디그라(Mardi Gras)를 다시 찾았는데, 이 두 번의 여행을 통해 우리 부부가 뉴올리언스의 범죄 행위에 상당히 기여했다고 하신 것이었다. 하나님께서 나의 죄를 깨닫게 하셨을 때 나는 통곡하며 회개했다. 나도 대단히 의롭지 못한 일에 가담했으면서 '저 사람들을 구원해달라'고 하나님께 간구하고 있었던 것이다. 주님께서 깨닫게 해주시기 전까지 나의 죄는 문제도 되지 않았다. 그러나 나는 뉴올리언스의 범죄에 기여한 사람이었다.

종교의 영은 우리를 하나님과 그분의 은혜로부터 멀어지게 하려고 우리에게 죄의 정도나 종류에 초점을 맞추게 한다. 자기 의는 하나님의 은혜가 필요하다는 것을 바라보지 못하게 한다. 그러나 변하지 않는 진리는 우리 모두 삶 속으로 끊임없이 흘러들어 오는 하나님의 은혜가 꼭 필요하다는 것이다. 우리의 행동이 '그렇게 나쁜 것이 아니야'라는 생각 때문에 하나님의 은혜의 필요를 느끼지 못한다면 우리는 자기 의라는 교만의 더러운 냄새를 뿜어내게 될 것이다.

::불평, 불평: 가장 위험한 영

종교의 영에 사로잡힌 사람들은 어떤 일이 벌어진 다음 그 방식을 불평한다. 교회에 올바른 것이 하나도 없다고 생각한다. 예를 들면, 조명이 너무 밝다거나 음악 소리가 너무 크다거나 설교가 너무 길다는 등의 불평을 한다. 또한 그들은 교회 건물의 건축 방향도 잘못되었다고 불평하거나 젊은 목사의 설교는 어른들과 맞지 않기 때문에 젊은 목사가 설교하면 교회에 가야 할 이유가 없다고 불평하기도 한다. 그들은 교인들이 자녀를 양육하는 방법도, 입고 다니는 옷의 스타일도 마음에 안 들어하며 교인 중에 영어를 제대로 못하는 사람이나 살이 쪄서 체중을 줄여야 할 사람을 보고 빈정대기도 한다. 그들은 다른 사람의 약점을 지적하기를 좋아하고 친하게 지내는 교인이 세상에서 실패하는 것을 보고 일종의 만족감을 느끼기도 한다. 하나님께서 주신 지혜, 예언, 분별력의 은사를 받아서 잘 활용할 수 있는데도 가장 위험한 종교의 영은 이를 악용한다. 종교의 영은 모든 것을 악용해서, 불평하고 다른 사람들을 험담하고 중상 비방하는 데 이 은사들을 사용해서 은사를 받지 않은 것처럼 행동하게 한다.

늘 이렇게 행동을 하는 사람은 오만 불손한 교만의 모습을 가진 가장 위험한 불평의 영의 조종을 받고 있는 것이다. 릭 조이너(Rick Joyner)는 다음과 같이 지적하였다.

> 종교의 영을 가진 사람은 어떤 일을 할 때 문제점은 정확히 집어낼 수 있으나 이미 제시된 해답을 손상시키는 것 외에는 어떤 해결책도 내지 못한다.

이런 적의 계략은 이미 시작된 일의 진전을 수포로 만들고 또한 장래에 있을 전진도 제한하는 낙담의 씨앗을 뿌리는 것이다.²

주님께서는 불평의 영의 지배를 받는 자들에게 준엄한 경고를 하셨다. "그 이웃을 은근히 헐뜯는 자를 내가 멸할 것이요 눈이 높고 마음이 교만한 자를 내가 용납지 아니하리로다"(시 101:5). '헐뜯는다' 는 다른 사람에 대하여 나쁘게 또는 악의적으로 말하는 것을 뜻한다. 불평의 영에게 사로잡힌 사람들은 시간이 있을 때마다 다른 사람을 헐뜯고 그들의 일이나 사람 자체를 항상 비판한다. 주님은 이런 행동을 하는 사람들에게 관용을 베풀지 않으실 것이다.

불평의 영은 믿는 자들이 하나님께서 주신 능력을 상실케 하는 함정에 빠지도록 하는 아주 악하고 위험한 영이다. 더욱 나쁜 것은, 불평의 영은 이러한 비판적인 신자들로 하여금 그들의 비판하는 것을 듣거나 동의하는 어떤 사람들에게 불만, 의심, 분노, 엘리트 의식, 그리고 수많은 종류의 하나님이 싫어하시는 행동 양식의 씨앗을 뿌린다는 것이다. 불평의 영에게 조종당하거나 동조하지 않도록 스스로 경계해야 한다.

:: **자기중심주의**(이기주의)

교만의 또 다른 형태는 세상과 상관없이 나는 내 갈 길을 간다는 사람에게서 나타난다. 그들은 다음과 같이 믿는다. "모든 것-나의 의지, 나의 계획, 나의 일정, 나의 욕구, 나의 필요, 나의 시간, 나의 방법-은 나에게 달렸다." 이런 사람들은 그들보다 다른 사람이 더 위에 있거나, 더 중요한 일이나 더 어려운 일을 한다는 것을 인정하지 않는다. 그들은 종종 '아, 슬프다' 하는 정신 상태로 자기 말을 잘 들어주는 사람에게 동정을 구하기도 한다. 그들은 "즐거워하는 자들로 함께 즐거워하고 우는 자들로 함께 울라"(롬 12:15)라는 성경 말씀대로 살 수 없을 것이다. 자기중심주의에 사로잡힌 사람은 어떤 일에서든지 그들의 견해가 가장 중요하다고 생각한다. 후튼(E. F. Hutton)의 표현대로 그들은 "내가 말할 때는 다른 사람들은 얌전히 듣는 게 좋을 거야!"라고 말한다. 바로 바리새인들과 같은 모습인데 바리새인들은 자기중심적으로 살았고 스스로 세상에서 가장 위대한 집단이라고 여겼다.

교만은 우리가 주님의 자비와 긍휼 가운데에 살도록 놓아두지 않는다. 교만의 모습은 특히 자기중심적이고 한 치 앞도 보지 못하면서 세상에서 죽어가는 사람들에게 꼭 들어맞는다.

::가르침을 받아들이지 않는 옹고집

교만의 또 다른 증상은 배우지 않는 것이다. 종교의 영이 개인에게 장기간 들어가 조종하면 그 사람은 '어떤 경지에 도달했다'고 느낀다. 그리고 자신이 모든 것을 다 안다고 생각한다. 모든 것을 알고, 또 다른 사람들보다 더 나은 지식을 가지고 있다고 생각하기에 다른 사람은 자기에게 가치 있는 이야기를 해줄 수 없다고 믿는다. 그는 옹고집에다 철저하게 자신의 방법만 집착할 수밖에 없을 것이다. 로마서 12장 16절을 보면 "서로 마음을 같이 하며 높은 데 마음을 두지 말고 도리어

낮은 데 처하며 스스로 지혜 있는 체 말라"고 권고하고 있다. 한 걸음 더 나아가 잠언 26장 12절에서는 "네가 스스로 지혜롭게 여기는 자를 보느냐 그보다 미련한 자에게 오히려 바랄 것이 있느니라"고 지적한다.

주님께서는 우리의 장래를 위해 소중한 교훈을 주시려고 어떤 환경이나 어떤 사람-어린아이라 할지라도-이라도 사용하신다. 성령께서는 매일매일 우리와 교제하고 우리를 가르치기를 열망하고 계신다. 그러나 종교의 영은 주님의 음성에 침묵하는 것을 좋아하게 한다. 만약 종교의 영이 우리의 심령을 완고하게 해서 가르침을 받을 수 없는 사람으로 만들어버리면 우리는 주님의 음성을 들을 수 없게 될 것이다. 우리는 영적으로 성숙하지 못하고 앞으로 나아가지도 못하고 영성도 소멸되기 시작할 것이다. 심지어 하나님께서 주신 양심까지도 무디어지고 흔들리게 될 것이다. 가르침을 받아들이지 않는 사람이 되면 그 영은 연약해진다. 그래서 잠언 4장 5절에서는 "지혜를 얻으며 명철을 얻으라 내 입의 말을 잊지 말며 어기지 말라"고 말씀하고 있다.

:: 책임 회피

종교의 영은 옹고집처럼 우리 삶에서 교만을 책임 회피의 도구로 사용한다. 서로 순종하기보다(엡 5:21 참조), 혼자 고립되어서 자신의 말이나 생각만을 중요시하고 다른 어떤 사람의 질문에도 대답을 하지 않게 한다. 이 사람은 책망, 훈계 또는 교정을 원하는 어떤 말도 받아들이지 않고 오히려 이를 적대시할 수도 있다. 서구 문명에 젖은 우리들은 아마 다른 문명권의 사람들보다 더욱 이런 경향이 있을 수 있다. 우리는 자라면서 개인주의와 자신감이 자랑스러운 미덕이라고 배워왔다. 따라서 다른 사람의 도움을 구하면 자신이 연약한 사람이 된 것처럼 느낀다. 그래서 무엇을 할 것인지, 아니면 어떻게 해야 할지를 다른 사람에게 듣는 것을 좋아하지 않는다.

 종교의 영이 이런 마음을 얼마나 좋아할까! 종교의 영은 하나님께서 우리를 창조하실 때 우리 몸의 각 부분의 역할을 따로 정하여 만드신 것을 잘 알고 있다. "눈이 손더러 내가 너를 쓸데없다 하거나 또한 머리가 발더러 내가 너를 쓸데없다 하거나 하지 못하리라"(고전 12:21). 우리가 하나님의 자녀로서 다른 성숙한 믿음의 소유자들에게 순종하고 책임을 질 수 있는 건강을 유지하기 위하여 다른 사람이 우리에게 충고의 말을 할 수 있도록 용납하는 것이 대단히 중요하다. 우리가 아무리 하나님의 말씀을 분명히 알아듣고 또 잘 듣도록 훈련되어있어도 하나님은 몸의 다른 기관과 상관없이 중요한 것을 말씀하지 않으신다. 우리를 향한 그분의 계획은 '나, 하나님, 그리고 그밖에는 아무것도 아니다' 라는 계획이 아니다.

 종교의 영이 우리 몸의 각 기관을 이간질하여 서로 분리시키는 데 성공하면 종교의 영이 우리를 정복한 것이 된다. 교만의 영이 우리로 하여금 책임을 피하도록 만들어버리면, 비록 다른 사람이 알아차릴 만큼 가까이 오지 못하게 할지라도, 우리의 입에서는 더러운 입 냄새가 확실히 나게 될 것이다.

::거짓 겸손

종교의 영은 이 단원에서 지금까지 거론한 것처럼 명백히 자랑할 만한 여러 가지 일도 오히려 부끄러워하도록 만들기도 한다. 우리는 다른 사람이 우리를 칭찬하면 피하거나 혹은 하나님께서 우리를 사용하고 계신 방법을 물으면 오히려 그것을 축소해서 대답하는 경향이 있다. 그러나 우리가 하나님과의 온전한 관계에서 생기는 진정한 겸손의 경지에 들어가지 않는다면 이 모든 것은 거짓 겸손이다. 거짓 겸손은 우리 스스로를 끊임없이 비하하게 하고 의도적으로 가난한 삶을 살게 한다. 때로는 만성적으로 병을 앓게 하거나 학대받아도 참고 살게 하며 다른 사람이 우리를 짓밟고 넘어가게도 하며 정신적인 피해망상증을 주기도 한다. 물론 가난하거나 만성적인 병에 걸렸다고 해서 그것 자체가 거짓 겸손을 의미하는 것은 아니다. 거짓 겸손의 영은 사람들이 이런 어려운 환경을 통해 자신이 '벌레 같은 사람'이라는 것을 일부러 보여주려고 하거나 또는 자신은 '한심한 인간이다'라는 말로써 타인의 관심을 끌려고 할 때 우리 속으로 들어온다.

거짓 겸손에 대해 성경은 두 번 언급했는데, 골로새서 2장 18절에서는 "누구든지 일부러 겸손함과 천사 숭배함을 인하여 너희 상을 빼앗지 못하게 하라 저가 그 본 것을 의지하여 그 육체의 마음을 좇아 헛되이 과장하고"라고 하였고, 23절에서는 "이런 것들은 자의적 숭배와 겸손과 몸을 괴롭게 하는 데 지혜 있는 모양이나 오직 육체 좇는 것을 금하는 데는 유익이 조금도 없느니라"고 하였다. 거짓 겸손은 우리가 받을 상을 가로채며, 가식적으로 불쌍하게 보이게 해서 육신적인 욕망의 죄로부터 우리를 구하는 것에 전혀 도움을 주지 않는다.

따라서 거짓 겸손과 진정한 겸손 간의 차이를 구별하는 것이 도움이 될 것이다. 자신에 대하여 말할 때 자신을 하나님께 드리고, 하나님의 관점에서 말하게 되면 그것이 진정한 겸손이다. 겸손의 사전적 의미는 "비록 어떤 일에 성공하였을지라도 건방지거나 자만하지 않고, 삼가하며 겸양하는 것이다."[3] 하나님은 우리가 모든 일에 성공하기를 원하신다. 하나님은 우리가 스스로를 이성적으로 올바르게 보기를 원하신다 (롬 12:3). 이것은 우리가 왕이신 하나님의 자녀라는 뜻이다. 우리는 그분이 주신 은사를 받았고, 그분의 부르심을 받았으며, 엄청난 사명을 받았기에 성공할 수 있다. 겸손이란 하나님께서 우리에게 말씀하신 것을 이해하고 동의하는 것이다. 진정한 겸손은 "내가 이 일을 하는 것은 하나님께서 이 일을 감당할 수 있도록 능력을 주셨기 때문이다. 나는 그분의 능력과 힘과 기름 부음 없이는 이 일을 할 수 없다"라고 고백하는 것이다.

나는 사역을 하느라 여행을 많이 하는 편이다. 여행 일정에는 종종 많은 해외여행이 포함되어있다. 어떻게 이렇게 여행을 많이 다니느냐고 가끔 질문을 받는데, 솔직히 하나님의 은혜라고밖에 말할 수 없다. 나는 슈퍼우먼이 아니다. 내가 이렇게 할 수 있는 것은 하나님께서 나를 부르시고, 일을 할 수 있도록 기름을 부어주셨기 때문이다. 내가 다른 사람들보다 더 멀리, 더 자주 여행할 수 있는 은혜를 받았다고 인정하지만 그것 때문에 교만하지는 않는다. 나는 하나님께서 나의 삶 속에서 그리고 나를 통하여 일하신다는 것을 인정한다.

내가 만일 어떤 집회에서 강사로 서서 "저는 오늘 여러분에게 드릴 중요한 말씀이 아무것도 없네요"라고 말한다면 그것은 사탄이 거짓 겸손을 통하여 승리한 경우다. 이럴 때는 집회에 참석한 모든 사람이 내 메시지를 들으려고 하지 않을 것이다. 이와는 반대로 "하나님께서 오늘 여러분에게 들려주실 말씀을 제게 주셨습니다. 여러분은 하나님의 말씀을 들을 수 있을 것입니다. 하나님께서 여러분에게 말씀하시는 것을 받을 준비를 하셔야 합니다. 하나님은 여러분을 죄악에서 해방시키고, 믿음의 불을 다시 붙이시고 활활 타게 하실 것이며, 여러분을 위하여 예비한 길로 인도하실 것입니다"라는 말은 집회 참석자들에게 큰 용기를 주고, 그들이 더 큰 기대와 소망을 가지고 하나님을 바라보게 할 것이다. 이것이 교만인가? 아니다. 진정한 겸손이다. 하나님께서 말씀하시는 것과 일치하기 때문이다.

반대로 거짓 겸손은 하나님께서 어떤 여인에게 "너는 참 아름답구나"라고 말씀하실 때 "아니요, 저는 못났습니다"라고 하거나, 하나님께서 어떤 남성에게 "너는 참 강하구나"라고 말씀하실 때 그 남자가 "아니요, 저는 절대 그렇지 않습니다. 저보다 강한 사람이 얼마나 많은데요"라고 한다면 이것이 바로 거짓 겸손이다. 우리가 하나님의 말씀에 동의하지 않거나 자신을 있는 그대로 보는 눈이 없을 때, 우리는 교만하게 되어 자신을 과대평가하거나 거짓 겸손으로 스스로를 낮게 여기는데 이는 본질적으로는 같다. 어떤 경우든지 교만의 영에게 조종당하고 있는 것이다. 하나님께서 우리를 평가하시는 수준보다 스스로 자신을 더 높게 평가하는 것으로 아무리 이를 없애버리려고 해도 교만이라는 더러운 입 냄새를 풍기고 있는 것이다.

::사랑의 농도 시험지

위에서 거론한 교만의 모든 형태는 결국 이기주의의 모양으로 나타난다. 즉 우리는 모두 자신을 다른 사람보다 우위에 올려놓기를 좋아한다. 이런 이기주의가 들어오면 교만으로 사랑을 노골적으로 적대시하게 된다. 고린도전서 13장 4-5절은 "사랑은 오래 참고 사랑은 온유하며 투기하는 자가 되지 아니하며 사랑은 자랑하지 아니하며 교만하지 아니하며 무례히 행치 아니하며 자기의 유익을 구치 아니하며 성내지 아니하며 악한 것을 생각지 아니하며"라고 밝힌다. 사랑은 교만이 가지는 이기주의와는 정반대의 성품이다.

앤드류 머레이(Andrew Murray)는 다음과 같이 말했다.

> 사탄이 주는 교만은 거의 모든 곳에서 살며시 우리에게 들어온다. 사랑이 없고, 다른 사람들의 생각이나 빈곤과 연약함에 대해 무관심하고, 다른 사람에게는 무자비하고 성급하게 판단하지만, 스스로는 공정하고 정직하다고 큰 소리 치며 용납하고, 자기의 격정과 분노를 쉽게 표출하는 일과 원한과 반목, 불화 같은 모든 것은 바로 교만에 뿌리를 두고 일어난다. 교만은 오직 자기 자신만을 추구하게 한다.[4]

자신을 돌아보아 부족한 것만 생각하고 불친절하며, 시기 질투하고, 허풍을 떨고, 오만불손하게 행동하거나, 자신의 이익만을 추구하면서 쉽게 화를 내고, 다른 사람이 자신에게 잘못한 일만 따진다면 사랑 가운데에서 살고 있다고 할 수 없다. 이런 모습들은 믿는 성도로서의 우리의 삶을 시험하는 것이다. 우리의 삶에서 사랑이 흘러가지 않는다면, 영적인 측정기로 우리 삶에 들어온 교만의 더러운 냄새를 측정해야 한다.

기억하라! 교만과 종교의 영은 항상 함께 다닌다. 종교의 영은 우리에게 교만이라는 더러운 입 냄새를 준다. 우리가 교만하면 하나님은 우리를 대적하시고, 주님 안에서의 우리 사명은 물거품이 될 것이다.

5장

율법의 항목
The Letter of the Law

당신은 사탄이 왜 율법에 이렇게 관심을 두고 있는지 생각해본 적이 있는가? 만약 사탄이 율법을 범하고 죄를 짓게 하는 장본인이라면 왜 율법에 특별한 관심을 두고 있을까? 역설적으로 들릴지 몰라도 사탄은 대단한 율법주의자다. 사탄은 율법을 사용해서 믿는 자들을 옭아매어 하나님이 주시는 완전한 자유와 풍성한 삶을 누리지 못하도록 만든다.

사탄은 율법에 있는 문자 하나하나에 매달리게 하여 율법주의의 속박에 묶여서 하나님께서 우리에게 주신 풍성한 은혜의 산실인 진정한 율법의 정신을 던져버리게 한다.

더 나아가 만일 사탄이 자신의 계획대로 어떤 지역사회의 법률도 바꿀 수 있다고 하면 사탄은 지역사회를 넘어 세상의 법률까지도 바꾸는

데 성공할 것이다. 예를 들면, 미국은 동성애, 동성 결혼, 낙태, 그리고 안락사와 같은 살인 행위를 허락하는 혐오스러운 법률을 만들기 위해 엄청난 노력을 해왔다. 특히 우리가 지역사회에서 신앙에 기초를 둔 가르침을 무시하고 정치적 입지를 얻는 데만 노력한다면 사탄은 그 지역의 모든 사람을 더욱더 큰 힘으로 얽매어버릴 것이다. 왜냐하면 사탄은 그렇게 할 수 있는 법적인 권한 즉 '하나님이 부여한 권한'을 가지고 있기 때문이다.

물론 율법주의가 그 자체만으로 사회 전체에 영향을 미치는 것은 아니다. 종교의 영이 개개의 그리스도인을 종교라는 법과 규범에 묶어버릴 때 율법주의를 사용한다. 우리가 율법주의에 빠지면 성령께서 주시는 확신에 따라 이끌리기보다는 율법의 판결 아래에서 살게 될 것이다. 척 피어스의 지적처럼, "간단히 말해서 율법주의는 우리 모두의 마음을 아주 편협하게 만들어서 우리가 하나님의 마음을 받을 수 없게 한다. 하나님이 주시는 충만한 은혜와 사랑의 마음 대신에 율법주의는 사람의 판단과 통제에 빠져버리게 한다. 따라서 율법주의는 우리에게 항상 교만과 불신앙을 가지도록 유혹한다."[1]

:: 관계와 율법

교만이 바리새인들의 성품과 태도를 보여준 것이라면 율법주의는 바리새인들의 삶을 정당화하는 데 사용된 방법이다. 다시 말하자면 만일 율법이 모세의 법에(또는 그들의 종교적 전통의 한 부분이라 할지라도) 있었다면 이것은 협상의 대상이 되지 않는다. 예수님도 이런 바리새인들의 행동을 자주 대하셨다. 그들은 안식일에 병자를 고치는 문제를 그들의 동족에게 하나님께서 병의 고통으로부터 해방되도록 베푸시는 능력과 은혜의 관점에서 보기보다는 율법적인 문제로만 생각하는 사람들이었다. 그들은 하나님이 무엇을 하셨는가 하는 것보다 율법에 더 관심이 있었다.

주님과 동행하는 시간이 별로 없거나 이런 관계가 아예 없는 사람들에게, 종교의 영은 율법이 비록 속이 텅 빈 대용품일지라도 소용이 있는 것처럼 권한다. 율법 아래서만 살게 되면 우리는 신앙의 한계를 느끼게 되는데, 율법이 우리에게 할 수 있는 일과 할 수 없는 일을 아주 세밀하고 체계적으로 알려주기 때문이다. 율법에는 예외도 없고, 타협의 여지도, 수정의 여지도 없다. 율법을 모두 지킬 수만 있다면 우리는 하나님 앞에서 완전하다고 인정받을 수 있다. 정말로 '선한 사람'이 될 수 있다면 우리 스스로 선한 자리에 설 수 있을 것이다. 우리가 어떻게든지 법과 전통을 잘 지키면 지킬수록, 스스로 성결하다고 느낄 것이다.

그런데 문제는 우리가 율법적으로 살면 살수록, 하나님의 은혜 가운데에서 믿음으로 죄 사함을 받기보다는 오히려 율법 안에서 정당화하려는 자신의 모습을 발견할 수 있을 것이다. 그러나 성경은 그것을 인정하지 않는다. 사실 성경은 예수님께서 우리를 구원하신 사건을 통해 볼 때 율법을 저주라고 말한다.

또 하나님 앞에서 아무나 율법으로 말미암아 의롭게 되지 못할 것이 분명하니 이는 의인이 믿음으로 살리라 하였음이니라 율법은 믿음에서 난 것이 아니라 이를 행하는 자는 그 가운데서 살리라 하였느니라 그리스도께서 우리를 위하여 저주를 받은 바 되사 율법의 저주에서 우리를 속량하셨으니 기록된 바 나무에 달린 자마다 저주 아래 있는 자라 하였음이라(갈 3:11-13)

율법을 치유하는 방법은 믿음으로 하나님과 관계를 맺는 것이다. "너희가 만일 성령의 인도하시는 바가 되면 율법 아래 있지 아니하리라"(갈 5:18).

그런데 종교의 영은 특히 나와 같이 경직된 율법주의의 배경에서 자란 사람들에게 접근하여 다양하고 위선적인 율법들이 오히려 매력적으로 보이게 해서 율법을 고수하게 만든다. 율법주의가 어떻게 우리와 하나님과의 관계를 단절시키는지 이해를 돕기 위해 몇 가지 율법주의의 열매를 보기로 하자.

: : **율법대로 산다**

율법주의에 갇힌 사람들은 규칙을 철저하게 지켜야 한다고 믿는다. 그들은 모든 일이 율법대로 이루어져야만 한다고 생각한다.

내가 알고 있는 목사님은 한때 사역팀 모두에게 하루에 네 시간씩 방언으로 기도할 것을 요구했다. 거기에는 전혀 은혜가 없었다. 이 팀의 멤버가 되기를 원한다면 무조건 그렇게 해야 했다. 이 요구는 규칙과 같아서 하나님의 기름 부음이나 부르심이 없다. 사실은 팀원 중에서 하루에 네 시간씩 방언으로 기도하는 규칙을 지킬 수 없는 한 사람을 쫓아내기 위해서 그렇게 한 것이었다. 이 목사님은 필요 이상으로 엄격한 율법주의 아래서 행동하고 있었다. 어느 날 이 문제를 가지고 그 목사님에게 다음과 같이 말했다. "목사님, 저는 당신의 사역팀에 들어갈 수가 없습니다. 왜냐하면 저는 대부분의 날을 네 시간씩 방언으로 기도하지 않는데 목사님은 저를 이 집회의 강사로 지명하셨군요."

이 목사님은 자신과 팀원들에게 큰 도움을 줄 것이라고 잘못 생각하고 지키기 어려운 기준을 만들었다. 이러한 규칙은 우리 삶 가운데서 일하시는 하나님의 사역 방법과는 전혀 무관하다.

:: 경직성과 엄격한 교사

나는 수많은 규칙를 지켜야 하고 이를 어겼을 때 여러 가지 징계를 받는 군인 가족이라는 배경에서 성장했다. 실수는 용납되지 않았으며 부모님이 "뛰어!" 하고 말씀하시면 나는 즉시 뛰면서 "얼마나 높이요?" 하고 물어볼 수밖에 없었다. 우리 집안은 경직된 가정이고 규칙을 잘 지키는 집이었다. 나의 내의는 세 번째 서랍에 들어있고 특별히 배운 방식대로 접어야 했다. 블라우스는 색깔별로 정돈되어있어야 했다. 이렇게 옷장을 깨끗하게 정리하는 것이나 물건을 질서 있게 정리하는 것 자체는 조금도 나쁘다고 할 수 없다. 그러나 우리 가족은 단순한 정리 정돈의 선을 넘어 경직된 율법주의로 들어간 것이 문제였다.

게다가 믿지 않는 가정이었으므로 은혜가 나의 성품의 한 부분이 될 수는 없었다. 종교의 영은 어떤 사람이든지-구원받은 가정, 건전한 교회, 사업장, 그리고 목회자들도 포함하여-법과 규칙으로 묶어서 은혜가 그들의 성품이 될 수 없도록 만들어버린다. 이런 구조는 사람이 온전해지도록 격려하거나, 하나님이 그들에게 주신 사명을 이룰 수 있도록 치유하기보다는 정해진 수준을 이행하도록 요구하는 엄격한 감독관이 되게 한다. 하나님은 우리에게 유연성을 주시는 반면에 종교의 영은 경직된 마음을 유지하도록 만든다. 즉 종교의 영은 우리가 그리스도의 제자로 살아가는 대신에 엄격한 규칙주의자로 살아가도록 만들어버린다.

:: **외모 지상주의**

나의 친구 빌리 보트라이트 목사는 경이적인 목회를 했던 사람이다. 그는 알코올 중독자를 치유하고 약물 중독과 파산으로 무일푼이 된 사람들을 회복시키는 사역을 하였으며 주말에는 종종 부랑자들을 먹이는 일을 하였다. 그녀는 몇 년 전에 오랫동안 타고 다니던 픽업트럭이 목회하는 데 불편하고 효율적이지 못하여 새 차로 바꾸어야겠다는 필요를 느꼈다. 그래서 그녀는 이 일로 하나님께 기도하였고 하나님께서 새 차를 사도록 허락하신다고 느껴져서 알고 있던 자동차 대리점에 갔다. 거기서 아주 마음에 꼭 드는 새 차를 발견했다. 그녀는 또 대리점 사장 아이들이 이십 년 전에 자기 교회의 주일 학교에 다닌 것도 알게 되었다. 정말로 놀라운 거래가 성사되어 그녀가 타고 다니던 트럭의 할부금보다도 더 싼 할부금으로 차를 구입하였다.

그러나 빌리는 새 차를 타는 것이 점점 불편하게 느껴지기 시작했다. 이 차를 보는 교인들이 자기를 어떻게 생각할지 걱정스러웠고 두려움이 그녀에게 일어났다. '새 차 때문에 교인들이 헌금을 중단하지는 않을까? 교인들이 가난한 사람을 구제하라고 낸 돈을 함부로 낭비했다고 생각하지 않을까?' 그녀는 주님께서 준비하시고 주신 것을 감사하기보다는 겉으로 보이는 외적인 작은 일에 사로잡히게 된 것이다.

그래서 빌리는 대리점 사장에게 이 일을 놓고 하룻밤 기도를 해보아야겠다고 이야기하고 그날 저녁에 전화로 이 일을 내게 설명하고 조언을 구하였다. 나는 하나님께서 당신에게 주신 복을 종교의 영이 속이려는 것처럼 들린다고 알려주었는데 빌리는 그 말을 듣는 즉시 진실을 보게 되었고 새 차를 타기로 결정했다. 다음 날 그녀는 새 차를 가지러 가면서 그 낡은 픽업트럭에 높이 앉아있었는데 아주 작고 예쁜 빨간 스포츠카 한 대가 근처의 빈 주차공간으로 들어오는 것을 보았다. 그 차를 보면서 누가 이 예쁜 차를 운전하고 있는지 궁금했다. '우아한 금발의 미인일까? 큰 소리로 웃는 덩치 큰 남자일까? 아니면 구십 세의 늙은 수녀가 검은 수녀복을 입고 불쑥 나타날지도 몰라!' 빌리는 '그 수녀는 다른 사람이 어떻게 생각하든 상관하지 않을 거야'라고 생각했다. 그것은 마치 주님께서 다른 사람에게 어떻게 보이는지를 걱정하는 그녀를 교훈하신 것과 같았다.

내 동생과 그의 처가 구원받은 것은 정말 믿을 수 없는 기적이었다. 내 동생은 율법주의의 바탕 위에서 자라났기 때문에 그런 관습 즉 율법주의에 익숙한 교회를 다니게 되었다. 그 교회는 교회의 다른 가르침보다도 사람들의 외모와 그들이 따라야 할 교회의 규칙을 더 중요시

하는 특별한 오순절 교회였다. 예를 들면, 여자인 경우에 보석으로 몸 치장을 하거나 화장하는 것을 금지하였으며 색깔이 화려한 의복도 입지 못하게 하였다. 그래서 거룩함이 추하게 보이는 것과 동일하게 되어버렸다. 모든 행동과 규칙이 엄격히 적용되고 감시되고 있었고, 결국 동생 부부는 모든 규칙과 법규에 적응할 수가 없어서 교회를 떠나게 되었을 뿐만 아니라 하나님과도 멀어지게 되었다.

비록 대부분의 교회가 예전처럼 율법주의에 집착하지는 않지만 밖으로 나타나는 외모를 아직도 그전처럼 중요하게 여기고 있는 것도 사실이다. 여기에서 종교의 영은 수많은 사람을 속박하려고 시도한다. 만일 교회에 출석하는 사람들이 바르게 행동하고, 바르게 옷을 입고, 올바른 장소와 시간에 올바른 사람들과 교제하고 있다고 믿는다면, 그들은 스스로 다른 사람은 물론 하나님에게도 의롭다 함을 받았다고 생각할 것이다.

베스 알베스 목사는 루터교 집안에서 자란 사람이다. 그녀의 가정에서는 분명히 먼저 루터교인이 된 후에 그리스도인이 되는 것이라고 인식되어있었다. 내면적인 인성보다는 밖으로 나타나는 루터교식의 외모가 더욱 중요한 가치로 인식된 것이다. 물론 이러한 성향은 루터교인에게만 있는 것은 아니다. 또 다른 수십 개의 교파에서도 외모를 가장 중요시 여기는 일이 있을 수도 있다.

우리가 어떤 외모로 보여야 할지 또는 하나님보다 다른 사람이 어떻게 생각하는지에 더욱 관심을 쏟는 것이 바로 종교의 영이 일을 하는 전형적인 징조다. 물론 하나님께서는 이런 행위를 좋아하지 않으신다.

사실 예수님께서 바리새인들에게 가장 가혹하게 하신 말씀도 그들이 양심보다 외적인 장식에 더 큰 가치를 둔 것에 대한 질책이었다.

> 화 있을진저 외식하는 서기관들과 바리새인들이여 너희가 박하와 회향과 근채의 십일조는 드리되 율법의 더 중한 바 정의와 긍휼과 믿음은 버렸도다 그러나 이것도 행하고 저것도 버리지 말아야 할지니라 맹인 된 인도자여 하루살이는 걸러내고 낙타는 삼키는도다 화 있을진저 외식하는 서기관들과 바리새인들이여 잔과 대접의 겉은 깨끗하되 그 안에는 탐욕과 방탕으로 가득하게 하는도다 눈먼 바리새인이여 너는 먼저 안을 깨끗이 하라 그리하면 겉도 깨끗하리라 화 있을진저 외식하는 서기관들과 바리새인들이여 회칠한 무덤 같으니 겉으로는 아름답게 보이나 그 안에는 죽은 사람의 뼈와 모든 더러운 것이 가득하도다 이와 같이 너희도 겉으로는 사람에게 옳게 보이되 안으로는 외식과 불법이 가득하도다(마 23:23-28)

예수님께서는 또한 마태복음 7장 22-23절에서 종교의 영에 대하여 이렇게 저주하셨다.

> 그날에 많은 사람이 나더러 이르되 주여 주여 우리가 주의 이름으로 선지자 노릇하며 주의 이름으로 귀신을 쫓아내며 주의 이름으로 많은 권능을 행하지 아니하였나이까 하리니 그때에 내가 그들에게 밝히 말하되 내가 너희를 도무지 알지 못하니 불법을 행하는 자들아 내게서 떠나

가라 하리라

:: **완전주의**

종교의 영은 완전주의자들에게서 잘 번창한다. 남녀를 불문하고 완전주의자들은 절대로 실수를 용납하지 않고 완전해야 한다고 생각한다. 그들은 자신뿐만 아니라 주변의 모든 사람 즉 배우자, 자녀들, 자녀들의 교사, 사장님, 동업자, 목사와 사모들이 모두 완전해야 한다. 만일 목사가 완전하지 못하면 목사 역시 나쁜 사람이라고 여긴다. 이 현상을 릭 조이너는 다음과 같이 분석하고 있다.

> 완전주의자들은 모든 현상을 흑백논리로 보고 있다. 그들은 모든 사람과 모든 가르침은 100% 옳거나, 100% 틀리다는 양극단으로만 본다. 완전함은 오직 예수님에게만 바랄 수 있는 것이다. 우리가 자신이나 다른 사람에게 이런 완전함을 강요하면 심각한 미혹에 빠지게 될 것이다.[2]

내가 아는 한국 학생들과 부모들은 학교에서 일등을 하는 것을 가장 중요하게 생각한다. 일등을 제외한 학생들은 벌을 받고 창피를 당한다. 일반적으로 학생들의 성적표에는 점수뿐만 아니라 반에서의 석차도 나온다. 그 반에 이십 명이 있다고 하면 일등부터 이십 등까지 순위를 매긴다. 문제는 단 한 명의 학생만이 일등을 할 수밖에 없다는 것이다. 나는 어느 날 한국인 학부모들의 모임에서 '성적 순위'에 대하여 이야기하면서 그들에게 학교 다닐 때 자신의 성적표를 실제보다 높게

고쳐서 부모님께 보여드린 적이 있었는지를 물어보았다. 놀랍게도 그들 중에 목사님도 많이 계셨는데 삼분의 이 정도가 손을 들었다. 완전하지 못하면 어떻게 해서라도 완전하게 보여야 한다고 믿었기에 완전주의가 그들을 사로잡은 것이다.

종교의 영이 우리를 완전주의자로 부추긴다면, 우리는 끝없는 소용돌이 속으로 빠져들게 된다. 완전한 사람은 아무도 없다. 그럼에도 불구하고 우리가 더 노력하거나 또는 우리 주위에 있는 사람들에게 더욱 더 완전해지도록 열심히 노력할 것을 강요하면, 어떻게든지 완전해질 수 있다고 생각한다. 이상하게도 우리가 완전해지려고 노력하면 할수록 종교의 영에게 더 사로잡히게 된다. 왜냐하면 우리 스스로 억제할 수 있는 선을 이미 넘어버렸기 때문이다. 이렇게 되면 우리는 하나님의 능력과 은혜보다 절대로 이룰 수 없는 완전주의의 기준을 신뢰하려 할 것이다.

하나님은 우리가 탁월한 인간이기를 원하신다. 탁월성은 특별하게 뛰어난 것을 의미하며, 완전성은 결점이 없다는 뜻이다. 이 두 가지의 차이점을 설명하는 좋은 예를 올림픽 선수에게서 볼 수 있다. 올림픽에 참여하는 남녀 선수들은 그들의 경기 종목에서 세계 최고가 되기까지 거의 모든 삶을 다 바쳐 노력한다. 메달을 획득하는 최고의 수준에 도달하려고 몇 년이고 거의 매일 연습하고 훈련한다. 이렇게 모든 것을 다 바쳐도 어느 누구도 완전할 수 없다.

체조나 빙상 선수들을 보자. 그들의 신체적인 재능은 그 운동에 바치는 열정을 배가시켜서 불가능하고 대단한 목표를 달성하게 한다. 그들을 쳐다보는 것만으로도 황홀할 지경이다. 그러나 그들이 이전에 수백 번 완벽하게 연습을 했을지라도 어느 한 경기에서 실수를 하면 이길 수 있는 기회를 놓쳐버릴 수도 있다. 다시 말하면 그들이 그 종목에서 탁월할 수는 있지만, 아무리 열심히 노력해도 항상 완전할 수는 없을 것이다. 완전 자체가 될 수는 없다.

우리가 세상에 속하지 않았다는 관점에서 탁월하게 불릴 수도 있다(요 17:16). 그리스도인은 세상 사람과는 다른 탁월한 사람이 되어야 한다. 그러나 우리는 완전하지 못하며, 종교의 영도 우리가 완전할 수 없다고 생각한다. 완전주의를 추구하게 되면 하나님께서 우리에게 원하시는 길을 따라갈 수 없도록 우리의 발이 엉켜버릴 것이다.

::**비판의 영**

지난 장에서 설명한 불평의 영과 매우 유사하게 비판의 영은 다른 사람들에 대하여 독선적이고 잘난 체하는 영이다. 비판의 영에게 사로잡힌 사람은 타인이 무슨 일을 했는지를 자신이 모두 알고 있으며 왜 그 일을 했는지도 알고 있다고 믿는다. 이들은 종종 자신이 의인이라는 교만과 함께 믿음의 아주 높은 경지에서 다른 사람들을 내려다본다.

이렇게 비판주의에 빠진 사람들은 어떤 일이든 실제 사실대로 아는 데는 별 관심이 없다. 그들은 사건의 내용보다 외형에만 몰두하고 눈에 보이는 정보로만 파악해서 다른 사람의 행동이나 동기는 모두 나쁠 것이라고 미리 결정해놓고 있다.

예를 들면, 동역자이자 절친한 친구인 빌리는 나와 자주 여행도 같이 다니고 동역자로서 함께 사역을 한다. 그런데 이렇게 친하게 함께 다니다 보니 많은 사람이 우리를 동성애자로 믿고 있었다고 한다. 어떤 때는 잘 알려진 지도자가 이런 비판적인 상상만 가지고 우리에 관한 증거라고 들이대면서 물어보기도 했다.

솔직히 말하면 내가 여자이고 남자가 될 수는 없으니 하나님께서 나에게 혼자 여행하지 말라고 말씀하신 것뿐이다. 그래서 나는 몇 가지 방법을 생각했는데 물론 제일 좋은 방법은 남편과 같이 여행하는 것이다. 남편이 동행할 수 없을 때는 나의 중보 기도자나 동역자와 같이 가거나 아니면 동행할 남자를 찾아야 할 것이다. 실제로 나는 사람들을 앞에놓고 이것을 설명하면서 다음과 같이 물었다. "당신들은 어느 방법을 택하겠습니까? 단순히 외관상으로만 볼 때 어느 방법이 가장 나쁜가요? 두 여자가 동행하는 것과 남편이 아닌 다른 남자와 세계를 돌아다니는 것 중에서 말입니다." 내가 이렇게 간단하게 진실을 들어 보일 때 사자 같은 비판의 입들이 즉시 닫혀지는 것을 볼 수 있었다.

예수님께서도 다른 사람들을 비판하기를 잘하는 사람들에게 다음과 같이 경고하셨다.

> 비판을 받지 아니하려거든 비판하지 말라 너희가 비판하는 그 비판으로 너희가 비판을 받을 것이요 너희가 헤아리는 그 헤아림으로 너희가 헤아림을 받을 것이니라 어찌하여 형제의 눈 속에 있는 티는 보고 네 눈 속에 있는 들보는 깨닫지 못하느냐 보라 네 눈 속에 들보가 있는데

> 어찌하여 형제에게 말하기를 나로 네 눈 속에 있는 티를 빼게 하라 하겠느냐 외식하는 자여 먼저 네 눈 속에서 들보를 빼어라 그 후에야 밝히 보고 형제의 눈 속에서 티를 빼리라(마 7:1-5)

::**통제의 영**

우리가 율법대로 살려고 노력하면 할수록 자신이나 주변 사람들의 삶을 통제하고 억제하려고 한다. 자신의 삶이나 환경을 통제하려고 들면 하나님도 어떻게 하실 수 없게 된다.

다른 사람의 행동이나 감정을 통제하려고 시도하면 우리는 악한 영의 마법에 걸리는 위험에 처하게 될 것이다. 그 마법은 다른 사람을 지배하는 모든 능력을 가지고 있다. 우리가 마법의 약을 사용하거나 남에게 마법을 걸지 않았더라도 다른 사람의 감정이나 행동을 통제하려고 시도하면 우리 스스로 마법에 걸려든 것이다.

나의 동역자 중 한 사람과 같이 여행하면서 어떤 독일인 부부의 집에 머물 기회가 있었다. 잉그리드와 요한(가명) 부부와 일상적인 대화를 나누는 중에 그들이 그동안 받은 피해와 마음의 상처를 털어놓기 시작했다. 그들의 목사는 목회 카운셀링을 통하여 그들을 포함한 많은 성도의 사소한 개인 문제까지도 지배하려는 통제형의 사람이었다. 잉그리드에게는 그녀의 첫 남편인 한스와 이혼을 하라고 조언하였다. 그리고 요한에게는 현재의 직장을 그만두고 더 낮은 보수를 받는 다른 회사로 옮기라고 권고하였다. 그밖에도 요한에게 이제 막 한스와 이혼한 잉그리드와 결혼하라고 권하였다. 이 목사는 자신이 섬기는 교회의 성도들의 결혼 생활을 파괴하고, 교인들의 사회적인 경력도 황폐화시켰다. 교인들의 삶을 통제하며 결혼 중매쟁이의 역할을 즐기고 있는 것이다. 그의 행동은 확실히 목사로서의 한계선을 넘어선 것이며, 악한 영의 마법에 걸려서 행동하는 것이 분명했다.

부모들이 자녀들의 장래 일이나 또는 결혼 상대자의 선택 문제까지 간섭하려고 한다면 그들 역시 통제의 한계선을 넘어선 것이다. 또 어떤 사람들은 예언을 받은 것처럼 가장하여 다음과 같이 말하기도 한다. "하나님께서 나에게 '너는 이것을 해야 한다'라고 말씀하셨다. 그러니 너는 이 일을 해야만 해." 이런 종류의 사람들을 가리켜 카리스마의 악한 영에게 사로잡혔다고 부른다.

물론 부모들이 자녀들을 자유롭게 일으켜 세울 수 있다. 그리고 스승(멘토) 역시 그의 학생들에게 얼마든지 조언할 수는 있다. 여기서 강조하고자 하는 것은 억지로 조작하거나 죄의식, 공포 또는 "하나님께서 이렇게 말씀하셨다"는 방식으로 다른 사람의 행동을 통제하려는 것을 말한다.

우리는 자녀들뿐만 아니라, 다른 어떤 사람의 삶 속에서도 자신이 성령이 될 수는 없다. 하나님께서 우리에게 자유의지를 주셨다. 그리고 하나님 아버지는 우리의 행동이나 습관을 한 번도 통제하지 않으셨다. 우리는 스스로 자신의 갈 길을 선택할 자유가 있다. 반면에 사탄은 우리를 통제하려고 한다. 이런 통제의 궁극적인 목적은 모든 사람으로 하여금 자신의 길을 선택하는 자유를 박탈하여 특정한 사고나 행동 방식에 얽매이게 하는 것이다. 바로 이것이 악한 영의 마법이다. 우리가 다른 사람을 잘 통제하여 '올바른 일'을 하려고 노력해도 우리는 적이 만들어놓은 계략에 빠지는 것이다. 하나님은 이런 시도를 절대 좋아하지 않으신다.

나는 영화 '굿 우먼'(A Good Woman)에 나오는 대화를 기억한다. "만일 우리가 항상 다른 사람의 생각대로만 살게 된다면, 내가 가진 것에 무슨 의미가 있는가?" 하나님께서는 우리 각자에게 자신의 뜻대로 선택하고 행동하는 자유를 주셨다. 비록 종교의 영이 우리를 유혹해도 다른 사람의 삶에서 그 권리를 빼앗는 것은 우리가 할 일이 아니다.

:: 은혜를 시험하는 시약

지금쯤 어떤 독자는 다음과 같은 질문을 할 것이다. "잠깐, 토미 목사님! 그리스도인으로서 우리는 믿음의 모델을 따라 살도록 배우지 않았습니까? 그렇다면 그 경계선은 어디입니까? 십계명은 어떻게 되나요? 규칙은 지켜야 하잖아요!"

사도 바울 역시 이에 동의하고 있다. "죄가 너희를 주장하지 못하리니 이는 너희가 법 아래에 있지 아니하고 은혜 아래에 있음이라 그런즉 어찌하리요 우리가 법 아래에 있지 아니하고 은혜 아래에 있으니 죄를 지으리요 그럴 수 없느니라"(롬 6:14-15).

물론 우리는 그리스도인으로서 살아야 할 규범과 기준을 가지고 있다. 그러나 명심해야 할 것은 종교의 영이 성령으로 가장하여 우리를 유혹한다는 점이다. 종교의 영은 하나님께서 우리에게 삶의 규범으로 삼으라고 주신 것들을 종교 계율로 바꾸어놓았다. 그렇다면 신앙의 규범과 종교 계율과는 무엇이 다른가? 그 물음에 대한 답은 은혜에 있다.

은혜란 "하나님께서 우리 인간에게 값없이 베풀어주시는 한없는 사랑, 자비, 친절, 호의와 용서"라고 정의할 수 있다.[3] 이 장에서 거론한 여러 종류의 특징은 종교의 영이 우리 안에서 일하시는 성령님의 가장 중요한 요소인 '은혜'를 떼어놓고 우리를 속이는 것들을 설명한 것이다.

율법주의는 하나님의 죄 용서하심을 빼고 거룩함만 강조하는 삶이다. 완벽주의는 하나님의 자비를 떼어놓고 탁월함만 추구한다. 엄격한 규율은 성령의 다른 열매들 즉 사랑, 희락, 화평, 오래 참음, 자비, 양선, 충성, 온유와 절제(갈 5:22-23) 없이 자기 억제만 요구한다. 비판의 영은 하나님이 주신 분별력을 이해와 은혜 없이 나쁘게 사용하도록 만들어버린다.

하나님은 삶에서 우리를 인도하시고자 우리에게 은혜와 더불어 기준과 교훈을 주셨다. 이것들은 우리의 발이 죄에 빠지지 않고, 하나님이 주신 자유 안에서 살아갈 수 있도록 함께 작용한다. 그러나 종교의 영은 우리에게 은혜나 용서를 할 수 있는 여유를 없애버리고 위선적인 율법에다 우리를 묶어버린다. 이렇게 되면 우리는 주님과의 아름다운 관계 속에서 살아가도록 인도받는 대신 악한 영의 시스템 안에 갇히게 된다. 종교의 영은 하나님의 은혜야말로 우리를 죄에서 진정한 자유로 인도하기 때문에 이를 가장 싫어한다. 하나님의 은혜는 율법을 지키는 노력의 결과로 오는 것이 아니면서 우리를 의인의 길로 인도하는데 이 은혜는 단순히 하나님께서 우리에게 값없이 주신 선물이다.

우리가 받은 은혜의 정도를 시험해보려면 사도 바울이 다음과 같이 말한 내용을 생각해 보자. "만일 은혜로 된 것이면 행위로 말미암지 않음이니 그렇지 않으면 은혜가 은혜 되지 못하느니라"(롬 11:6).

6장

절대로 믿지 말아야 할 세 가지 신학 이론
Three Theologies No One Should Believe

신앙심이 깊고 경건하다고 할지라도 영적으로 눈이 멀 수 있을까? 그에 대한 대답은 '예스'다. 이런 사실을 가장 잘 보여주는 예가 바리새인들이다. 그들은 종교를 알고, 모세의 율법을 통달하였으며, 규례를 어떻게 지켜야 하고, 어떤 행동을 해야 하며, 주변 사람들을 어떻게 대해야 하는지 잘 알고 있었다. 또한 그들의 신학을 가장 세세한 부분까지 통달하고 있었다. 그러나 하나님의 아들이 스스로 그들 가운데로 걸어 들어오셨을 때, 그분을 알지 못했으며 그들이 그렇게 잘 알고 있다고 주장하던 그분에 대해서는 완전히 장님이 되어버렸다. 그들은 하나님은 볼 수 없는 형식적인 종교 전문가에 지나지 않았다.

이처럼 종교의 영이 성도가 그리스도 안에서 풍성한 삶을 누리지 못하게 하고 종교적 생각으로 그들에게 의무를 지우고 구속하는 것이 가능할까? 이 대답 역시 '예스'라고 할 수 있다. 악한 영의 거짓말은 다음과 같은 잘못된 신학 이론을 만들었다.

1. 종교의 영은 세상에서 일어나는 모든 일을 가지고 하나님을 비난한다.
2. 종교의 영은 믿는 자들의 권세를 제한한다.
3. 종교의 영은 그리스도인들이 사탄의 전략을 아는 눈을 멀게 한다.

이 잘못된 신학 이론 뒤에 숨어있는 사탄의 전략은 아주 단순하다. 그리고 이것은 종교의 영을 대단히 만족케 한다. 즉 그가 원하는 것은 그리스도인으로 하여금 이 세상에서 일어나는 모든 것이 하나님의 뜻이라고 믿게 하는 것이다. 모든 것이 하나님의 뜻이라면 이 세상에서 사탄의 단 한 가지 역할은 나쁜 하나님이 이 모든 것을 허락하셨다고 거짓말하는 것뿐이다. 더 나아가서 이 모든 것이 하나님의 뜻이기에 그리스도인은 아무런 역할도 할 수 없다. 이 잘못된 생각은 방언, 치유, 기적, 예언 등과 같은 능력의 은사 중에서 많은 것이 초대교회의 사도들과 함께 없어졌기 때문에 오늘날의 성도들에게는 일어나지 않는다고 강하게 믿게 한다(그리고 사탄은 믿는 성도들에게 '비록 능력의 은사를 오늘날에 쓸 수 있다고 하더라도 달라질 것이 없다. 어차피 하나님이 우리와 함께 하시든지 안 하시든지, 하나님이 원하시는 대로 무엇이든지 하실 테니까'라는 거짓말을 속삭인다).

이런 잘못된 믿음에 대한 것을 자세히 모두 반박하는 것은 이 책의 관점이 아니며 그것을 다 다루자면 이 책의 부피가 엄청나게 늘어날 것이다. 그러나 종교의 영이 수많은 그리스도인의 눈을 멀게 하기 때문에 잘못된 믿음에 대하여 간략하게라도 살펴보는 것이 매우 중요하다. 그러면 먼저 세상의 모든 일은 하나님의 뜻에 따라 일어난다고 하는 믿음부터 생각해보자.

::그릇된 신학 이론 #1:
모든 것은 하나님의 뜻이다.

1995년 1월, 불행하게도 우리 가족에게 소름끼치는 일이 생겼다. 사위 조엘(Joel)이 아침에 집에 들어오는데 도둑과 갑자기 마주치게 되었고 놀란 도둑은 조엘을 무참히 살해하고 말았다. 스물여섯 살의 딸은 졸지에 과부가 되었고 사랑하는 두 손자(당시 일곱 살과 네 살)는 아버지 없는 아들로 남겨졌다. 나는 그 당시 조엘이 하나님을 영접했고, 지금 이 순간에도 천국에서 하나님 곁에 있는 것을 믿는다. 그러나 조엘이 그렇게 무의미하게 살해되고 가족이 황폐화된 일이 하나님의 뜻이라고 믿은 적은 단 한 번도 없다.

다시 말하면 이 세상에서 일어나는 수많은 불행한 사건은-선한 사람들에게 조차도-절대로 하나님의 뜻이 아니라는 것이다. 종교의 영은 우리에게 나쁜 일이 생길 때마다 그가 가진 악마의 도끼로 우리를 내려친다. 예를 들면, 어린아이가 죽으면 그리스도인은 말하기를 "하나님께서 어린양이 하나 더 필요하셔서 데려가셨다"라고 하거나, 여인이 강간을 당했을 때 목사가 "우리는 하나님께서 왜 이런 일을 하셨는지 (하나님께서 강간을 안 하셨다고 믿으면서도) 이해할 수 없다"라고 말하거나, 화마로 파괴된 한 가정의 비극적인 현장에서 교인들의 대다수가 "하나님의 방법은 우리의 방법과는 다르다"라고 말하는 것 등이다.

이렇게 표현하는 것들의 문제는 하나님께서 그 어린아이를 죽이셨고, 여인이 강간당하게 하셨으며, 그 가정이 화재나 사고로 인하여 파괴되도록 의도적으로 행하셨다고 인정하는 것이다. 결국 하나님께서 그 시간에 조엘을 집으로 가게 하셔서 살해되도록 만드셨다고 믿게 하는 것이다. 어떤 사람은 한걸음 더 나아가 그런 나쁜 일은 당사자의 죄나 믿음이 없는 것을 하나님께서 심판하신 결과라고 믿기까지 한다.

베델 대학의 신학교수이며 담임목사인 그레고리 보이드(Gregory Boyd)는 이런 신학을 일컬어 세상에서 일어나는 모든 일은 하나님의 계획된 청사진이라는 뜻의 '청사진 세계관'이라고 불렀다. 그의 유명한 저서 『Is God to Blame?』에서 다음과 같이 말하고 있다.

청사진 세계관은 교회의 전통에 스며들어 수많은 그리스도인과 비그리스도인의 생각에 심각한 영향을 끼치고 있다. 비록 많은 사람이 이런 청사진 세계관 아래에서 평안을 찾고 있으나, 다른 면에서 보면 수많은 사람에게 상처를 준 것도 사실이다. 청사진 세계관은 교회에 영향을 끼쳐 교회가 수동적으로 변하는 데에 큰 역할을 하기도 하였다. 예수님이 사역하신 것과는 대조적으로 실제로는 사탄으로부터 온 불행과 고통이 마치 하나님의 손이 치신 것이라고 최소한 어느 정도까지는 교회가 받아들였다. 이런 것들은 하나님의 본성을 훼손시키는 것이다. 상식적으로 자신의 도덕적인 책임을 인정하지 않으면서, 역사 속에서 모든 사건의 궁극적인 원인이 하나님인 것처럼 주장하는 것은 말도 안 된다. 그 결과 수많은 사람이 그리스도인이 되거나 하나님 믿기를 거부한다.[1]

종교의 영이 청사진 세계관의 창시자인 것은 의심의 여지가 없다. 청사진 세계관을 지니게 하는 단순한 작업이 사람들에게 재난과 죽음의 고통을 주는 것보다 그리고 하나님의 백성이 하나님을 비난하도록 설득하는 것보다 대적들에게 얼마나 쉬운 일인가? 이 얼마나 완벽한 전략인가!

따라서 이런 것들은 또 다른 명백한 의문이 들게 한다. 하나님은 진정으로 주권자이신가? "그렇다. 그분은 우주의 주권자이시다." 청사진 세계관이 증명하지 못한 점은 하나님의 주권적인 계획 안에 무엇이 있는지를 찾아내지 못했다는 것이다. 하나님은 인류에게 이 세상을 지배하는 지배권을 주시는 것을 선택하셨다(창 1:28 참조). 이 지배권 안에서 우리는 스스로 선택할 수 있는 권한이 있고, 스스로 선택한 행동의 결과에 따라 살아가게 된다. 에덴동산 이후 인류는 스스로 자신의 길을 선택하도록, 그리고 자신의 안목에 옳다고 보이는 일을 하도록 허락받았다. 따라서 스스로의 선택과 그것으로 얻은 결과를 놓고 하나님을 원망할 수 없다.

청사진 신학의 또 다른 맹점은 하나님의 진정한 대적이 무엇이며 하나님의 진정한 목적이 무엇인지를 찾아내지 못했다는 것이다. 대적은 하나님의 계획을 훼방하고 그분의 백성을 파괴하기 위하여 끊임없이 노력한다. 죄악이 세상에 들어온 이후로 사탄이 이 세상의 지배자가 되었고(요 12: 31, 14:30, 16:11 참조) 공중 권세 잡은 자(엡 2:2 참조)가 되었다. 사탄은 하나님의 뜻에 대항할 뿐 순종하지는 않는다. 사탄과 하나님이 이 세상에서 하나님의 목적을 달성하는 데 동역자가 될 수가 없다.

그렇다면 사탄의 계획이 정말로 하나님의 뜻에 대항하여 우세할 수 있을까? 그 대답은 '예스'다. 최소한 예수님의 재림 때까지는 그렇다고 할 수 있다. 하나님께서 우리에게 자유의지를 주셨지만 우리는 항상 하나님의 길을 택하지는 않는다. 그러므로 사탄은 아주 빈번히 승리할 수 있고 또 실제로 이기고 있다. 이러한 일이 일어나지 않는다면 예수님께서 다음과 같은 기도를 가르쳐주지도 않으셨을 것이다. "나라가 임하시오며 뜻이 하늘에서 이루어진 것같이 땅에서도 이루어지이다"(마 6:10).

종교의 영이 이 진리를 숨기려고 아무리 노력해도 우리는 이 세상에서 일어나는 모든 일이나 스스로에게 일어나는 일에 대하여 단순히 하나님만 원망할 수는 없을 것이다. 그레고리 보이드는 그것을 이렇게 설명한다.

> 비록 우리가 받는 특정한 고통의 원인 즉 '왜?'를 알 수는 없지만, 우리는 하나님과 모든 선한 사람을 미워하는 세력의 지배하에 있는 주변의 환경은 알 수 있고 반드시 알아야 한다. 우리는 스스로의 불순종으로 인해 우주적인 영적 전쟁에 빠져들었고 그에 따르는 고통을 받고 있는 것이다.[2]

::**그릇된 신학 이론 #2:**
   그리스도인은 영적 권세를 가지고 있지 않다.

만일 이 세상에서 일어나는 모든 일이 하나님의 뜻이라면, 어떻게 사탄은 자주 승리할 수 있을까? 그 이유는 종교의 영이 주장하는 제2의 거짓 신학(그리스도인은 진정한 영적 능력이 없다)에서 찾을 수 있다. 디모데후서 3장 5절에서는 "경건의 모양은 있으나 경건의 능력은 부인하는 자니 이 같은 자들에게서 네가 돌아서라"라고 하며 사람들이 말세에는 경건의 능력을 부인한다고 밝힌다.

나는 조지 오티스 2세(George Otis, Jr.)처럼 적의 거짓말에 대한 하나님의 전략을 알려주는 여러 사람을 알고 있다. 그는 명석한 탐구자로 영적 전쟁에 대한 매우 값진 정보들을 교회에 전해준다. 나는 그를 하나님께서 이 분야에 엄청난 권세를 준 사람으로 여기고 존중한다. 그에 대해서 이야기함으로써 사탄 즉 속이는 자가 어떻게 우리로 하여금 주님께 순종하지 못하도록 권위에 대한 두려움을 사용하는지 살펴보자.

몇 년 전에 우리가 남가주 지방에서 영적 전쟁 네트워크 세미나를 진행하고 있을 때 오티스 부인인 리사가 기도실에 들어와 그녀가 임신한 것을 말했고 우리는 태아를 위해 합심 기도를 했다. 그때 마침 병원에서 그녀의 혈액 검사 결과가 나왔는데 담당 의사 소견서에는 태아가 다운증후군(Water Baby)일 가능성이 있다고 쓰여 있었다. 그래서 우리는 더욱 열심히 치료와 순산을 위하여 기도하였고 그 결과 제나(Jenna)는 아무 이상 없이 건강하게 태어날 수 있었다.

몇 년이 지난 후 제나는 캘리포니아 시미 밸리(Simi Valley)에 사시는 친할아버지 댁을 방문했다. 어른들끼리 대화하는 동안 제나는 아무도 모르게 혼자 밖에서 놀고 있었다. 바로 그때 제나의 할머니가 성령의 음성을 듣고 뒷마당을 훑어보다가 손녀가 옷을 모두 입은 채 전혀 움직이지 않는 상태로 수영장 제일 깊은 곳에 떠있는 것을 보았다. 그 순간 우리가 전혀 이해할 수 없는 한 편의 드라마와 같은 기적이 펼쳐지고 있었다. 그들은 제나가 물속에 얼마나 오래 있었는지도 모른 채 급히 병원으로 옮겼고, 제나는 삶과 죽음 사이를 왔다 갔다 하며, 계속 혼수상태로 누워있었다.

그날 저녁 애글로우(Aglow) 모임에 강의하러 가려고 집을 나서는데 중보 기도팀에 참석하라는 연락을 받았다. 전 세계적으로 수천 명의 중보 기도자가 '700클럽'과 '희망의 소리' 라디오 방송, 그리고 인터넷까지도 동원하여 소집되었다. 운전하면서 기도하는 동안에 기독교 방송을 들으라는 강력한 느낌을 받았다. 방송에서는 어떤 목사님이 "너희 대적 마귀가 우는 사자같이 두루 다니며 삼킬 자를 찾는다"는 베드로전서 5장 8절을 중심으로 말씀을 전하고 있었다. 그분은 '삼킨다'는 말을 '먹어치운다' 또는 '물에 빠진다'는 뜻으로 설명하고 있었다.

나는 얼른 「스트롱」(Strong's) 색인에서 '삼킨다'는 뜻을 찾아보았다. 그리고 목사님이 말씀하신 뜻이 정확하다는 것을 확인한 후에 오티스의 딸을 자궁 속에서부터 점찍었고 물속으로 불러 삼킨 악한 영을 대적하는 기도를 하기 시작했다. 나는 오티스 부부가 영적 전쟁에 대해 이미 많은 것을 알고 있다고 생각했기에 이런 정보를 오티스 부부에게 전하는 것을 망설였다. 그런데 그 순간 책망의 소리가 들렸다. '너는 너를 어떤 사람이라고 생각하느냐? 너는 이 가정을 둘러싸고 있는 거대한 악한 영들에 비하면 정말 보잘것없는 존재구나.'

결국 나는 작은 메모 쪽지를 조지 오티스에게 보냈는데, 조지는 그 쪽지를 보고 나의 논문 "Out of the Depths: A Tale of Death Denied"(절망의 구렁텅이에서 죽음을 거부한 이야기)를 생각해내었고, 리사와 나는 제나를 짓누르는 맹렬한 영적 전쟁을 점차 알아차리게 되었다. 사탄은 우리의 예측대로 우리의 딸에게 가만히 다가와서 그의 맛있는 먹을거리로 삼아 삼키려 했다. 즉 이는 그리스어 문자 그대로 '먹어 치우다'와 '물에 빠지다' 라는 뜻을 의미하는 것이다.[3]

제나는 죽음의 위험에서 구출되었을 뿐만 아니라 완전하게 회복되었다. 그녀는 거의 익사할 뻔한 사고로 인한 후유증이나 다른 어떤 문제점도 없었다. 나는 적시에 적절한 퍼즐 한 조각을 가지고 두려움을 헤치고 주님의 권위까지 이르렀다. 그리고 하나님은 그 지식을 그분의 장군 중 한 사람에게 진리를 드러내는 데 사용하셨다.[4]

중요한 점은 우리는 믿는 자로서 소녀를 삼키려는 악한 영에 대적하여 그리스도 안에서 기도하는 능력을 가졌다는 것이다. 이는 전 세계에 있는 중보 기도자가 믿는 자로서의 능력을 모두 기울여 제나의 생명을 위하여 중보 기도를 한 결과였다. 그렇다면 이러한 노력이 없었다면 그 소녀는 죽었을까? 그 대답은 '예스' 다. 세상에서 일어나는 모든 일이 하나님의 뜻은 아니기 때문에, 믿는 자들도 세상을 향한 하나님의 뜻을 실행하는 권세를 가지고 있는 것이다.

그러나 종교의 영은 우리가 하나님의 능력을 받을 권세나 통로가 없다고 믿도록 노력해왔다. 나는 이미 종교의 영이 만들어서 널리 퍼뜨린 믿음에 대하여 언급한 바 있다. 즉 '초자연적인 힘'은 이미 초대교회의 사도들과 함께 없어졌다고 보는 것이다. 이를 '은사 단절주의'라고 부른다. 그러나 우리가 하나님의 능력 안으로 들어갈 수 없다면 사탄과 같은 강한 적을 어떻게 이길 수 있을 것인가?

그리스도인들이 이런 거짓을 믿게 되면 종종 악한 영의 면전에서 무력함을 느끼게 된다. 예수님께서 우리에게 주신 권세, "내가 너희에게 뱀과 전갈을 밟으며 원수의 모든 능력을 제어할 권세를 주었으니 너희를 해할 자가 결단코 없으리라"(눅 10: 19)라는 말씀을 이해하지 못하고 만다. 비록 이 말씀이 예수님께서 제자들에게 하신 것이라 할지라도 지금 예수님의 제자인 우리에게 똑같은 권세가 주어지지 않았다고 성경에서 언급한 곳은 없다. 실제로 요한계시록에서 예수님은 "이기는 자"에 대한 상급을 반복적으로 약속하신다(계 2장 참조).

다시 한 번 처음의 질문으로 돌아가면, 어떻게 우리가 하나님의 능력 안으로 들어가지 않고 사탄을 이길 수 있는가? 만일 에베소서 6장의 말씀처럼, 우리의 전쟁이 혈과 육의 전쟁이 아니라면, 사탄의 권세와 힘에 대항하는 영적 무기 없이 어떻게 싸울 수가 있겠는가?

우리에게는 그런 능력이 없으며, 하나님도 우리가 무기 없이 악한 영들과 싸우는 것을 원하지 않으신다. 그래서 하나님께서는 우리에게 사탄과 악한 영들을 이길 수 있는 권세를 이미 주셨다.

최근 수년 동안 그리스도인들이 묵상 기도와 어려운 환경을 감당할 수 있는 은혜를 달라는 기도에 대부분의 시간을 보내는, 영적으로 무력한 자들이라는 관점에서 보면 종교의 영이 어느 정도 승리하고 있다고 볼 수도 있다. 그러나 믿는 자들 중에서 하나님께서 우리를 영적 전쟁으로 불러내셨을 뿐만 아니라 영적 전쟁에서 하나님을 대신하여 싸우는 데 필요한 권세와 무기를 주셨다는 것을 깨달은 사람들의 수가 점점 늘어나고 있다.

어떤 사람은 우주를 창조하신 전능하신 하나님이 우리에게 그분을 대신하여 전쟁의 짐을 지우실 필요가 있는지에 대해 의문을 제기할 수도 있을 것이다. 타락한 인간이 이런 일을 생각하는 것 자체가 오만 불손한 행동이 아닌가? 하나님은 그분을 대신하여 우리에게 무엇을 하게 하실 필요가 전혀 없으시다. 그분의 권능은 완전무결하고 무슨 일을 하시더라도 그 목적을 달성하시는 데 부족함이 없으신 분이다(민 11:23, 사 50:2 참조). 그러나 하나님은 자신의 뜻이 하늘에서 이루어진 것같이 땅에서도 우리 인간을 통하여 이루어지도록 선택하셨다. 하나님께서 방법을 이렇게 정하셨기 때문에 그분의 뜻이 땅에서 이루어지도록 우리를 선택하신 것이다.

더치 쉬츠(Dutch Sheets)는 그의 저서 『하늘과 땅을 움직이는 중보 기도』(Intercessory Prayer)에서 이 점을 아주 아름답게 표현하고 있다.

> 하나님께서 아담이 포기해버린 것을 되찾기 위하여 성육신의 대가를 치르시고 세상에서 인간을 통하여 일하시겠다는 것이 얼마나 완전무결하신 결심이신가. 나는 그분 자신이 인류의 한 부분이 되셨다는 것이 흔들리는 진

리라고 생각할 수 없다. 하나님께서 결정하신 '인간을 통한 사역'의 완전성을 증명하는 데는 그 어떤 방해도 있을 수 없다. 인간이 이 세상에서 가진 권세나 행동이 하나님께 영원히 연결되어있다는 것은 의심의 여지가 없다.[5]

종교의 영이 우리에게 세상의 모든 사건은 하나님의 뜻이라고 믿기를 원하는 것처럼 또한 하나님께서 세상에서 우리에게 주신 일들을 할 수 있도록 주신 권리와 권세, 능력 즉 하나님의 뜻이 땅에서 이루어지도록 하나님이 보내신 대사로서의 사랑과 능력이 없다고 믿도록 우리를 기만하고 있다. 제나 오티스는 그녀를 죽이려는 어둠의 세력을 쫓아내는 데 참여한 사람들의 중보 기도에 힘입어 오늘도 건강하게 살아가고 있다.

우리는 적들이 파멸시키려는 신자는 물론 예수를 알지 못하고 구원을 아직 받지 못한 사람들에게도 이 진실을 이해시키는 것이 매우 중요하다. 종교의 영은 예수 그리스도를 통한 우리의 권능을 우리가 알 수 없도록 눈을 가리는 노력을 계속할 것이라는 점은 의심의 여지가 없다.

::그릇된 신학 이론 #3:

사탄(만일 존재한다면)은 그리스도인을 해치지 못한다.

종교의 영이 보여주는 세 번째 거짓된 신학은 사탄은 하나님이 주신 영을 받은 악한 존재로서 세상에 해를 끼치기 위해 하나님의 부리시는 종이거나 아니면 실제로는 세상에서 큰 역할을 하지도 못하는 존재라고 믿게 하는 것이다. 어차피 세상의 모든 일은 하나님의 뜻대로 이루어진다고 생각하는 것이다. 이런 잘못된 신학 이론은 더 나아가 비록 사탄이 세상에서 어느 정도 부분적으로 영향을 준다고 할지라도 그리스도인을 타락시키거나 괴롭히는 권한을 가지고 있지 않다고 한다. 우리는 이미 그 속임수에 어느 정도 넘어갔지만 성경은 그렇게 말하지 않는다. 이것은 단지 종교의 영이 만든 거짓 신학 이론이다.

사탄은 자신의 존재를 사람들이 믿지 않게 하는 데는 전문가다. 만일 마귀와 같은 존재가 이 세상에 없다면 결국 사람들은 정사와 권세와 이 어둠의 세상 주관자들과 하늘에 있는 악의 영들과 싸우는 대신에 인간끼리 서로 싸우는 것으로 끝이 날 것이다(엡 6:12 참조). 사탄은 자신의 전략을 위장하기 위하여 여러 가지 다양한 방법을 사용하는데 가장 보편적인 방법은 비난과 기만술이다. 사람들은 자기의 주변 환경에 대하여 자신이 책임지기보다는 다른 사람을 비난하는 것을 즐기는 경향이 있다. '비난의 게임' 역시 우리가 악한 영과 싸우는 대신 서로 싸우는 결과를 초래할 것이다.

종교의 영은 하나님의 사람들에게 진정한 대적이 존재하지 않거나 아니면 그런 대적이 존재한다고 하여도, 이빨 없는 사자가 시선을 끌 수 없는 것처럼 이미 그들에게 완전하게 승리하였다고 믿도록 속이고 있다. 사탄이 패하였다는 것도, 그리고 사탄이 사자라는 것도 사실이다. 그러나 이빨이 없는 사자가 아니라 성경에서는 "우는 사자가 삼킬 자를 두루 찾아다닌다"(벧전 5:8)라고 분명히 밝히고 있다. 나는 피터 와 그녀 목사가 사자 같은 사탄이 치명적인 상처는 입었으나 아직 죽지 않았다고 생생하게 묘사하는 말을 들은 적이 있다. 사자는 심한 상처를 입은 상태에서는 더욱 사납고 맹렬하게 싸우기 때문에 더 위험하다.

우리가 사자와 같은 적과 대치하고 있다는 것이 더욱 선명한 그림이며 그 사자는 하나님의 백성을 도둑질하고, 죽이고, 멸망시키려고 작정하였다(요 10:10). 사탄의 눈에는 그리스도인인 우리가 그룹으로서 뿐만 아니라 개별적으로도 모두 그의 목표다. 또한 사탄은 우리의 삶에서 역사하시는 하나님의 계획과 목적을 방해하고, 지금도 우리의 영원한 사명을 파괴하고 있다. 그리고 때로는 사탄이 성공하기도 하는데 나는 사위인 조엘의 피살 사건을 경험한 이후로 파괴하고 물어뜯는 사탄의 공격이 실제로 존재하고 있으며 그것이 고통스러운 것임을 증명할 수 있게 되었다. 그 사건 후에 나의 딸은 재혼해서 행복하게 잘 살고 있지만, 사탄은 믿음이 좋은 한 남자의 생을 마감하는 데 성공한 것은 사실이다. 그리고 조엘의 죽음의 결과로 우리는 깊은 상처를 받게 되었고 오늘날까지도 그 일로 인한 영적 전쟁을 계속하고 있다.

그럼에도 불구하고 우리의 대적과 그들의 활동은 자주 우리의 영적인 자각으로부터 피하여 숨어있기도 한다. 그래서 때로는 우리가 사탄을 조심하지 않을 때가 많다. 종교의 영은 여러 사람으로 하여금 사탄은 대단한 적이 아니라거나 그들의 위협은 우리의 주의를 끌 만큼 대단하지 않다고 계속하여 속여왔다.

:: 거짓 이론이 만들어내는 악순환

사탄은 그가 만든 세 가지 거짓된 신학 이론 중에서 첫 번째 것을 우리가 믿도록 만들어 대부분의 그리스도인의 레이더망에 걸리지 않도록 숨어있다. 세상에서 일어나는 모든 일은 하나님의 뜻이므로 사탄의 죄악 된 모든 행동도 하나님의 크신 계획의 한 부분이라고 믿게 하는 것이다. 이보다 더한 거짓말은 없다. 우리는 에베소서 6장 11절에서 마귀의 교묘한 계략에 맞서서 이길 수 있도록 하나님의 전신갑주를 입어야 한다고 가르침을 받았다. 호세아 4장 6절에서는 "내 백성이 지식이 없으므로 망하는도다"라고 밝히고 있다. 사탄은 실제로 존재하며, 잔인한 기질을 가지고 있으며, 우리가 그를 좋아하든지 싫어하든지 우리 모두를 그의 공격 목표로 삼고 있다. 우리는 이런 사탄을 이겨내야 한다.

만일 당신이 이 책에서 설명한 종교 생활의 틀을 깨뜨리지 못한다면 사탄은 당신의 일생을 무너뜨리고 큰 승리를 얻을 것이다. 그리고 우리들은 하나님 안에서 주어진 모든 온전함에 도달할 수 없을 것이다. 다시 말해서 그리스도인이 이 장에서 거론한 세 가지 거짓된 신학 이론을 어느 정도 믿게 되면 하나님의 뜻이 하늘에서는 이루어졌으나 땅에서는 이루어질 수가 없다.

7장

빛에 의한 실명
Blinded by the "Light"

　수많은 사람이 오랜 세월 동안 종교를 믿어왔다. 이를테면 기독교, 이슬람교, 불교, 힌두교, 동방정교와 각종 민속종교, 또 믿음에 대한 어떤 것들은 '깨달음'을 주기 위해 존재한다. 종교는 인간에게 초자연의 세계를 설명해준다. 그리고 존재 이유를 알게 하며 처한 환경을 극복하거나 인간보다 아주 거대한 그 무엇의 일부분이 되기 위한 하나의 수단으로 인식되어왔다.

　하나님이 그분을 경배하도록 우리를 창조하셨다는 것을 인식할 때, 우리는 이런 것들이 자연스러운 욕구임을 알 수 있다. 인간은 이런 일에 대하여 의심하는 잘못을 범하지 않았다. 그러나 인간의 타락 이후, 누구를 경배할 것인가 하는 천국과 지옥 간의 전쟁이 일어났다. 사탄은 우리의 눈을 하나님으로부터 멀리 돌리고 우리의 마음이 하나님을 경배하는 것에서 멀리 떨어지도록 시도하고 있다. 종교의 영은 예수 그리스도의 진정한 빛을 형식적인 종교의 '거짓된 빛'으로 왜곡하는 데 우리 영혼의 욕구를 사용한다.

:: 하나님을 아는 지식이 없는 연구

하나님이 주시는 생명을 받는 관계 안에서 빛을 추구하는 좋은 성도조차도 끝없이 길을 헤맬 수 있다. 예를 들면, 하나님의 말씀을 연구하는 것은 성도의 삶에서 매우 중요한 요소다. 그러나 하나님과 그분의 말씀을 연구하는 것과 하나님을 아는 것은 같은 것이 아니다. 종교의 영은 사람들이 하나님을 진정으로 알지 못하거나, 또는 그리스도 안에서 자신이 누구인지를 알지 못하는 한 성경을 공부하는 것에 대해 별로 상관하지 않는다. 예수님께서는 요한복음에서 "너희가 성경에서 영생을 얻는 줄 생각하고 성경을 상고하거니와 이 성경이 곧 내게 대하여 증거하는 것이로다 그러나 너희가 영생을 얻기 위하여 내게 오기를 원하지 아니하는도다"(요 5:39-40)라고 말씀하셨다.

로버트 하이들러는 이 점을 잘 설명하고 있다.

> 형식적인 종교 생활은 하나님을 지적 연구 대상으로 격하시켜버린다. 이들의 목표는 하나님을 이해하고 그분이 하시는 사역을 예측하는 데 있다. 그것은 하나님을 자기 생각의 상자 속에 넣어두려는 것이다. 그래서 새로운 성령 운동이 하나님의 사역에 대한 이해와 일치되지 않으면 거부한다.

하나님 나라의 초점은 하나님을 이해하는 것이 아니라, 하나님을 알고 섬기며 사랑하는 데 있다. 하나님은 무한한 창조의 하나님이시다. 우리가 그분을 온전히 이해하는 것은 불가능하지만 그분을 알고 그분을 영원히 즐거워할 수는 있다.¹

::선악과나무와 사는 것

아담과 하와는 에덴동산에 살면서 선택권을 가지고 있었다. 그들은 생명나무에 거주하는 것을 선택할 수도 있었고, 선악을 구별하는 지식의 나무에 거주하는 것을 선택할 수도 있었다. 유감스럽게도 모든 인류의 조상인 그들은 후자를 택하였다. 마찬가지로 지금 우리도 각자의 삶 가운데서 동일한 기로에 놓여있다.

생명나무에 거주한다는 뜻은 성령님의 능력 안에서 살아감을 뜻한다. 성령님은 주님과 밀접한 관계를 기초로 우리의 삶을 이끌어주신다. 그러므로 우리가 생명나무에 거주하는 것을 선택하면 우리 안에 하나님의 나라와 사랑이 나타날 것이다. 그때 우리의 행동과 반응 그리고 추론은 하나님의 살아있는 말씀의 진리와 은혜를 통하여 나타난다. 이러한 행동의 결과는 항상 생명으로 인도된다.

반면에 선악을 아는 지식의 나무 즉 선악과나무에 거주하는 것은 육신의 욕망을 따라 사는 것을 의미하며 그것은 율법과 선행을 기초로 삶을 영위하는 종교의 영이 이끄는 삶이다. 우리가 이러한 선악과나무에 거주하면 하나님이 아닌 자신의 마음대로 살게 되며, 모든 일을 비판주의와 정죄 그리고 율법주의의 기준대로 진행한다. 이렇게 사는 것은 항상 죽음으로 인도한다.

에덴동산에서처럼 지금 우리에게도 선택권이 있다. 생명나무를 선택하면, 성령께서 우리를 인도하시도록 맡기는 것이고, 그때 우리는 많은 열매를 맺을 수 있다. 그러나 선악과나무를 선택하면 그 선택은 결국 우리를 죽음으로 이끌어갈 것이다.

:: 육신의 생각으로 하나님을 섬긴다

종교의 영은 우리가 마음속에 성령을 모시기를 거부하는 한 종교 활동에 열중하는 것을 개의치 않는다(실제로는 열중할수록 좋아한다). 또한 우리가 하나님의 호의를 얻으려고 어떻게든지 열심히 일을 해야 한다고 믿는 것을 좋아한다. 이 영은 하나님 나라에서 소금의 가치를 인정받으려면 우리가 무엇을 생산해내야 한다고 속삭인다.

나 역시 우리가 이 세상에 사는 동안 무언가를 만들어내고 또한 무언가를 달성할 수 있는 능력을 가지고 있다고 믿는다. 히브리서 6장 12절에서는 "우리는 너희들이 게으르지 아니하고 믿음과 오래 참음으로 말미암아 약속들을 기업으로 받는 자들을 본받는 자가 되게 하려는 것이니라"라고 말한다.

그러나 우리의 생산성을 평가하려면 우리가 생명나무와 살고 있는지, 아니면 선악을 아는 지식의 나무와 같이 살고 있는지를 물어보아야 한다. 또 성령님의 인도를 따르고 있는지, 아니면 종교의 영을 따르고 있는지 뒤돌아보아야 한다. 만약 성령께서 우리를 인도하시고 은혜를 주시면 우리는 손에 일하는 쟁기를 잡고 성령께서 주시는 능력을 통하여 하나님의 일을 하고 있는 것이다. 그러나 종교의 영이 조종하는 대로 살게 되면 우리는 '선한 일'을 하고 있다고는 하지만 그것은 육신을 위한 일만 하는 것이 된다.

사도 바울은 이 내용을 다음과 같이 설명한다. "내가 증언하노니 그들이 하나님께 열심이 있으나 올바른 지식을 따른 것이 아니니라 하나님의 의를 모르고 자기 의를 세우려고 힘써 하나님의 의에 복종하지 아니하였느니라"(롬 10:2-3).

어느 여인을 상담한 적이 있는데 그 여인은 "하나님께서 나에게 남편과 자식을 떠나라고 말씀하시는 것을 들었습니다. 나는 선교 현장으로 가야 했고 그들과는 연락을 하지 않고 있습니다"라고 말했다. 나는 그 여인에게 이렇게 말했다. "나는 당신이 어떤 분에게서 그런 소리를 들었는지 모르겠지만 그것은 분명히 하나님의 말씀이 아닙니다. 하나님께서는 절대로 그렇게 말씀하시지 않으십니다." 종교의 영은 이런 일들이 하나님의 계획에 분명히 없는데도 정의의 길이라고 속삭이며 진리를 왜곡하는 일을 한다. 우리가 육신의 욕망으로 하나님을 섬기면 우리의 종말이 죽음으로 끝나는 대단히 잘못된 결과를 초래할 것이다.

종교의 영은 육신의 욕망대로 살게 하기 위한 계략으로 우리에게 다음과 같은 믿음을 준다. "하나님께서 나에게 지성을 주셨기에 나는 지성을 사용할 것이다. 하나님께서 나에게 재능을 주셨기에 나는 재능을 사용할 것이다. 만약 어려움에 처하게 되면, 그때 가서 하나님께 도움을 청하면 될 것이다."

그러나 문제는 육신을 추구한 노력의 열매는 더 많은 육신의 욕망을 낳는다는 것이다. 우리가 자신의 힘과 능력만으로 하나님을 섬기고 또 그분을 기쁘시게 해드리려고 할 때 우리는 실제로 성령의 능력으로부터 자신을 분리시켜버리는 것이다. 하나님께서 우리를 통하여 그분의 목적을 이 세상에서 이루려고 하신다면 우리는 자신의 지성이나 재능에 의존할 수가 없다. 그렇다. 하나님께서 우리의 출발지가 되셔야 하며 하나님께서 목적을 달성하시기 위하여 우리에게 그런 마음과 재능을 주신 것이다. 그러나 우리가 은사를 성령께서 이끄시는 생명나무 안에서 사용하지 않는다면 "우리의 의는 다 더러운 옷 같다"(사 64:6)라는 말씀과 같이 될 것이다.

::잘못된 열심

열심이란 열정, 열성, 그리고 열망이다. 예수님과 하나님의 일을 하기 위한 열심은 그리스도인의 생활에 있어 지극히 정상적인 것이면서 마땅히 그렇게 해야 할 충분한 이유가 된다. 예수님께서는 우리를 죽음과 지옥 그리고 무덤으로부터 구원해주셨고 죄악에서 벗어나 자유롭게 하셨고 우리 인생의 진정한 목적지와 목적을 허락해주셨다. 사도 바울은 로마서 12장 11절에서 다음과 같이 우리를 격려하고 있다. "부지런하여 게으르지 말고 열심을 품고 주를 섬기라."

그러나 아쉽게도 이런 열심을 가진 모든 사람이 성령 안에서 일하는 것은 아니다. 옛날부터 존재한 가짜 성령은 가장 의로운 척하는 자신만의 독특한 방법으로 우리를 유혹해왔다. 바로 종교의 영이 조종하는 것인데 대단한 열심처럼 보이지만 이는 '잘못된 열심'으로 로마서 10

장 2절에서 볼 수 있다.

　이렇게 종교의 영이 주는 고통을 받은 사람들은 율법주의에 빠져서 그 율법대로 살아가려고 노력하며, 율법을 어겼을 때 받을 징계에 대한 두려움 때문에 열심을 낸다. 그들은 주어진 일이나 규정에 있는 목표를 달성하지 못하면 하나님께서 주시는 상급을 받을 수 없다고 믿는다. 종교의 영은 또한 그리스도인들에게 그들의 죄악, 실패 또는 단점들을 보상하기 위해 노력해야 한다는 죄책감을 심어서 '잘못된 열심'에 빠지도록 조종한다. 잘못된 열심이 그들의 두려움이나 죄책감 때문에 생겨났다면, 그들은 결코 달성하기 어려운 그들의 목적을 이룰 수 없을 것이다.

　교만 역시 종교적 열심의 다른 형태다. 사탄은 우리가 받은 은사나 우리가 이룬 업적에 대하여 교만하도록 만들어서 은사와 업적을 악한 목적에 쓰도록 바꾸어버린다. 더욱이 어떤 사람들은 그들이 가지고 있는 잘못된 열심에 대해서조차도 자만하고 있다.

　릭 조이너는 이런 열심에 대하여 다음과 같이 요약한다.

> 주님께서 이 세상을 다니시는 동안 악한 영과 직접 충돌한 일은 별로 없었다. 악한 영들은 그분의 권세를 즉시 알아차리고 자비를 구했다. 그러나 종교의 영은 달랐다. 종교의 영은 보수적이고 열성적인 종교 지도자들에게 들어가서 즉각적으로 예수님의 가장 커다란 적이 되어버렸다. 즉 하나님의 말씀에 가장 열심인 사람들이, 말씀이 육신이 되어 이 세상에 오셔서 그들과 함께하셨을 때 그분을 십자가에 못 박았던 것이다. 이와 똑같은 일이

지금도 일어나고 있다.²

::하나님의 순교자들이 주는 깊은 감동

주님에 대한 의로운 열심을 가장 깊게 표현하는 것은 하나님 나라의 순교자가 되는 것이다. 나는 2005년 9월에 피터와 도리스 와그너(Peter and Doris Wagner) 목사 부부의 인도로 지구촌 수확 선교단과 함께 이탈리아의 푸주올리(Puzzuoli) 지방으로 기도 여행을 갔다. 그곳에서 깊은 감동을 받은 적이 있는데 우리는 당시 1세기 초대교회의 수많은 그리스도인이 그들의 믿음 때문에 순교당한 장소를 방문하고 있었다. 역사 기록에 따르면 푸주올리에서는 로마보다 더 많은 그리스도인이 순교당했다고 한다.

원형경기장에 도착했을 때 나는 주님께서 그곳에 임재하시는 것과 수많은 천사가 우리와 동행하는 사실을 온몸으로 느낄 수 있었다. 그곳에 들어가는 순간 예배하는 소리를 들을 수 있었는데 데이비드 스탠필드(David Stanfield) 팀이 먼저 와서 장엄한 예배를 인도하는 동안 매우 아름답고 화려한 깃발을 든 사람들이 그 경기장 가득히 둘러서있었다. 그러나 나는 그 팀의 예배가 시작되기도 전에 이미 예배 소리를 듣고 있었는데 갑자기 그 소리가 순교자들이 부르는 찬송 소리라는 것을 알게 되었다. 그것은 정말로 두렵고 장엄한 소리였으며 다른 사람들도 역시 그 찬송 소리를 들었다. 그때 그 장소에서는 죽음이나 자포자기 또는 절망과 같은 영은 찾아볼 수가 없었다.

이 예배의 영은 원형경기장의 재갈, 돌 그리고 그곳의 공기 속에까지 충만하게 퍼져있었다. 우리도 우리보다 먼저 간 그분들과 같이 예배하기 위하여 그곳에 모였던 것이다. 그 예배에 참석했던 모든 사람이 어느 순간 그곳에 계신 거룩하신 하나님의 임재 앞에 무릎을 꿇었다. 순교자들의 피가 흘러넘치던 그 땅에 꿇어 엎드려서 회개와 간구의 눈물을 쏟아냈다. 우리는 거룩한 땅에 있었다. 작은 그룹으로 나누어 성찬식을 끝낸 후 기도로 그 장소를 온전히 덮었다.

지하 이 층으로 내려가 그 당시 그리스도인들이 갇혀있었던 작은 방들을 보았다. 첫 번째 방에 들어섰을 때 주님께서 말씀하시는 것을 들을 수 있었다. '그들 순교자들이 바로 너희들을 위하여 기도한 것을 아느냐?' 나는 어리둥절하고 놀라서 '어떻게 그럴 수가 있습니까?' 하고 물었다. 하나님께서 계속하여 말씀하셨다. '이 방안에 갇혀있었던 그리스도인들은 아무 소망 없이 갇혀있었던 것이 아니다. 그들은 나의 임재함으로 가득 차있었고 이 방으로 들어오는 모든 걸음을 위하여 중보 기도를 했단다. 그들은 너를 포함하여 이후에 이 방으로 들어오는 모든 사람이 평화, 은혜, 능력, 기쁨, 믿음, 담대함과 용기로 가득 채워질 것을 선포했던 것이다. 그들은 또한 이곳에 들어오는 모든 사람이 믿음을 지키고 두려움을 떨쳐버리고 담대히 걸으며 하나님 아버지의 보호하심을 피부로 느끼며 어떤 환경에서도 예배할 것임을 선포했다. 그들은 이 경기장에 잡혀온 순간부터 예배하였고 그 예배의 제물로 그들의 생명을 드렸던 거야. 네가 지금 체험하고 있는 것은 그들의 기도와 예배의 소리이며 이 방의 모든 벽은 그 당시의 예배와 중보 기도의 눈물 소리다. 이곳을 걸으면서, 앞으로 네게 필요한 모든 것을 찾아내

어라.'

각각의 방에는 둥근 천장에 두 개의 작은 창이 있어서 그곳에 갇혀 있던 그리스도인들이 바로 위에 있는 사자 우리를 볼 수 있게 되어 있었다. 그 위의 사자들은 무서운 포효를 지르면서 앞뒤로 어슬렁거리며 다니고 있었을 것이다. 나는 순교자들이 받은 고통을 상상할 수가 있었다. 당시 게임이 시작되면 사자들은 우리에서 나와 경기장에 끌려나와 있는 순교자들을 위에서 덮쳤고 그들은 사자를 볼 새도 없었을 것이다. 끌려나온 사람들은 사자들에게 이십 분 정도나 대항할 수 있었을는지 모르겠다. 핍박자들은 사자들을 충분히 흥분시켜놓고 네다섯 명의 그리스도인을 방에서 끌어내어 긴 복도를 걸어서 운동장으로 나가게 한 후 뒤에서 철문을 닫았다. 그들은 되돌아갈 수 없었고, 앞으로 나갈 수밖에 없었다.

나는 마치 대형 스크린에서 영화를 보듯이 실제로 그 광경을 보고 있었다. 그들은 서로 부둥켜안고 서서 기도하고 있었고 눈을 들어 하늘을 보며 그들을 도우시는 주님을 바라보면서 예배하고 있었다. 이런 은혜는 아무도 빼앗아갈 수가 없었으며 그들은 그들 자신의 몸을 전능하신 주 하나님께 희생의 제물로 바쳤다.[3]

이러한 애타는 이야기는 하나님의 진정한 순교자들의 마음과 동기를 잘 보여줄 뿐만 아니라, 또한 그들이 이 세상에서 가졌던 마지막 소망이 무엇인지를 잘 드러낸다. 3세기 교부였던 터툴리안(Tertullian)은 "순교자의 흘린 피가 교회의 씨가 되었다"라고 기록하였다.[4] 이 말은 진실이며, 주님을 향한 올바른 열심은 하나님과 개인적으로 밀접한 관계 안에서, 성령님과 동행하며 그리고 이 세상에서 이루고자 하시는 하나님의 목적을 위해 그분에 의하여 쓰임을 받고자 하는 진실한 소망에서 나온다.

::또 하나의 종교의 영의 모조품

순교하는 것이 아름답고 자기희생적인 숭고한 일이라 할지라도 이것 역시 오래된 속임수의 영향에서 벗어날 수 없다. 열심, 죄책감, 회개, 자기 의 혹은 하나님과 다른 많은 불건전한 시각, 스스로를 하나님의 뜻에 잘 맞도록 포장된 참된 그리스도인이라고 여기는 일들이 모두 악한 영에게 이용당하는 열린 문이 될 수가 있다.

이런 경우에 종교의 영은 개인의 삶에서 하나님의 부르심을 훨씬 과장해서 말할 수 있다. 그리고 과장된 만큼 사람들은 어리석은 선택을 하기 시작한다. 그들은 자기 박탈이나 자기 비하가 하나님께 받아들여지는 데 도움을 주거나 또는 다른 사람에게 자신이 얼마나 의로운지를 보여줄 수 있다고 믿는다. 이러한 마음으로 순교의 길을 택하여 죽기까지 한다. 그러나 이 선택은 그들을 위한 하나님의 진정한 뜻은 아니다. 주님 때문에 순교자가 되는 일은 하나님 나라에서는 대단히 명예스러운 일이다. 그러나 순교를 악용하는 극단적인 일은 비극이며, 적의 사악한 속임수다.

하나님은 창조의 목적대로 우리를 부르셨을까? 그렇다. 하나님은 개인이 순교하는 시간을 정하셨는가? 그렇다. 진정한 순교 역시 하나님이 주신 은사다. 순교의 은사는 우리가 받는 모든 다른 은사와 뚜렷

한 차이가 있다. 예언이나 지혜, 봉사의 은사는 수없이 많이 사용할 수 있다. 그러나 순교의 은사는 단 한 번밖에 사용할 수 없다.

그러면 순교의 은사를 받은 사람과 거짓된 영으로 사는 사람은 어떻게 다른가? 은사를 가진 사람은 생명나무와 함께 살고 있으며, 반대로 거짓된 영과 함께 사는 사람은 선악과나무와 함께 사는 사람이다. 순교의 은사는 성령님이 주시는 것으로 비록 죽을지라도 주님이 주시는 풍성한 삶과 기쁨이 있다. 그러나 종교의 영이 주는 모조품은 비록 살아있어도 죽음을 낳는다.

그리고 하나님을 위하여 순교자로서 죽도록 합당하게 부르심을 받은 사람이라 할지라도 하나님께서 정하신 시간 전에 고의적으로 자신을 죽임으로써 하나님의 계획을 무산시킬 수도 있다. 이런 일을 행하면, 앞에서 기술한 것처럼 그들의 죽음은 하나님 안에서 아무런 열매도 맺지 못한다. 우리의 사명이 진실로 실현될 수 있도록 무슨 일에든지 성령님의 인도하심을 따라야 한다.

∷ 독신 생활에 관하여

물어볼 것도 없이 하나님께서는 어떤 사람은 독신으로 살도록 부르셨다. 사도 바울이 그중 한 사람이며 그는 결혼에 대하여 다음과 같이 언급하였다. "나는 모든 사람이 나와 같기를 원하노라 그러나 각각 하나님께 받은 은사가 있으니 이 사람은 이러하고 저 사람은 저러하니라 내가 결혼하지 아니한 자들과 과부들에게 이르노니 나와 같이 그냥 지내는 것이 좋으니라"(고전 7:7-8).

예수님은 이 문제에 대하여 마태복음 19장 10-12절에서 다음과 같이 말씀하셨다. "제자들이 이르되 만일 사람이 아내에게 이같이 할진대 장가들지 않는 것이 좋겠나이다 예수께서 이르시되 사람마다 이 말을 받지 못하고 오직 타고난 자라야 할지니라 어머니의 태로부터 된 고자도 있고 사람이 만든 고자도 있고 천국을 위하여 스스로 된 고자도 있도다 이 말을 받을 만한 자는 받을지어다."

독신의 은사가 하나님께로부터 받은 것이면 기쁨과 자유함을 누릴 수 있다. 그럼에도 불구하고 위에서 명백히 인정된 바와 같이 독신 생활의 은사를 받은 사람의 숫자는 그렇지 않은 사람의 숫자보다 대단히 적다. 우리들의 대부분은 결혼하도록 부르심을 받았다. 그러나 종교의 영은 독신 생활이 하나님의 계획하심이 아닌 것을 알면서도 많은 사람이 독신으로 남도록 유인해왔다. 어떤 사람들은 독신이 더욱 경건한 것처럼 보여서 독신으로 산다. 다른 이들은 그들의 교파에서 사역자가 되기 위해서 독신이어야 하기 때문에 독신으로 산다. 그러나 만약 하나님께서 이 사람들을 독신으로 부르지 않았다면 그들은 정말로 곤란한 지경에 이를 것이다. 사도 바울도 이 점을 지적하였다. "결혼하라 정욕이 불같이 타는 것보다 결혼하는 것이 나으니라"(고전 7:9).

마찬가지로 진정한 그리스도인이라면 하나님께서 독신 생활을 하도록 부르신 사람을 '결혼시키려'고 헛되이 노력하는 것보다 그 독신자를 존경할 필요가 있다. 내 친구 빌리 보트라이트는 내가 이 책에서 여러 번 거론하였지만 그의 생애에서 독신 여성으로 부르심을 받은 아름다운 예라 할 것이다. 그녀는 친구나 지인들이 믿을 만한 남자와 '맺어

지도록' 노력하는 것과 자주 부딪치게 되었으나 하나님께서 독신으로 부르셨고 그 주신 독신 생활을 즐겁게 지내고 있는 사람이다.

::가난하게 사는 것

종교의 영이 우리를 유혹하는 다른 방법의 하나는 하나님께서 우리를 부르신 방법대로 사는 것이 아니라 가난하게 사는 것이 더욱 의롭다고 믿게 하는 것이다. 적게 가질수록 더욱 영적인 것으로 여기며 어떤 사람은 가난이 신령하다고 믿기도 한다. 이런 생각은 빈곤의 정신 상태인데 의심의 여지 없이 종교의 영이 조종하고 있는 것이다.

척 피어스는 다음과 같이 지적하였다.

> 빈곤의 정신 상태는 우리의 잠재력을 완전히 활용하는 것을 막아버린다. 빈곤만 바라면서 사는 사람은 장래에 주실 하나님의 풍성한 약속을 찾으려는 노력이 부족하여 그 빈곤의 좁은 범위 너머를 결코 볼 수 없다. 육체적으로나 정신적으로 가난 속에 살게 되면 실망할 일이 없다. 빈곤은 우리에게 '하나님은 능력을 갖추신 분이 아니다'라고 속삭인다. 빈곤의 정신은 단지 소유의 개념에만 연관되어있지 않고 우리와 하나님과의 관계는 물론 다른 사람과의 관계를 포함하여 우리 생활에 공급되는 모든 것에 다 연관되어있다.[5]

빈곤의 정신 상태는 부자들에게도 빈곤으로 인한 두려움을 갖게 하여 그들의 재물을 몰래 비축하는 것을 통해 공격하기도 한다. 그들은 다른 사람들의 필요를 도와주기보다는 자신들이 "언젠가 재물이 필요할 것"이라고 생각해서 베풀지 않는다.

초기의 교회 지도자들은 세 가지를 서약하도록 하였는데 독신 서약, 순종 서약, 그리고 빈곤의 서약이었다. 따라서 빈곤은 신성한 것과 관련이 있었고 기독교 지도층에 있는 사람들은 가난하게 사는 것이 당연시되었기에 모든 것이 부족하여 가족을 돌보거나 생존하는 것 자체가 어려웠다. 목회자는 가난할수록 더욱 거룩하다고 여겼다. 오늘날에도 많은 성도가 그들의 목회자가 가난하게 살도록 내버려두고 있다. 나는 많은 목사가 그들의 삶을 위하여 세상일을 해야만 하는 것을 보았다. 어떤 목사들의 사모는 남편의 금전적인 빈곤을 해결하고자 밖에서 일을 할 수밖에 없는 상황이다.

빈곤은 성경 전체에서 저주받은 것이라고 하는데 그것은 맞는 말씀이기도 하다. 예수님께서는 우리들의 빈곤을 대신 지시고 우리를 부요하게 하셨다(고후 8:9). 물론 부 자체가 빌 게이츠(Bill Gates)처럼 은행 잔고를 엄청나게 가지고 있다는 것을 의미하지는 않지만 부족함이 없이 살면 빈곤의 저주로부터 해방되었다는 것을 뜻한다.

: : 자기 억제

종교의 영은 많은 사람으로 하여금 자기 억제는 하나님께서 명령하신 것이라고 믿게 하는데 이는 가장 성공적인 거짓말로, 약간의 진리를 포함하고 있기도 하다. 때로는 하나님께서 우리에게 어느 정도의 자기 억제를 요구하기도 하시는데 금식(음식을 먹지 않는 것)이 기본적인 예라고 할 수 있고 이것은 매우 중요한 영적 훈련이기도 하다. 또 다른 예를 들면, 주님께서 그의 백성에게 어떤 행동을 절제할 것을 요구하실 때도 있으며, 또는 정상적인 활동을 제한하실 때도 있다. 어떤 사람은 TV 시청을 못하게 한다고 느낄 수도 있고, 결혼한 부부의 경우 잠시 동안 성관계를 억제하라고 하신다고 느낄 수도 있다(고전 7:5). 이런 것들은 주님께서 우리에게 자신을 억제하도록 하신 것으로 신앙적이고 성경적인 예다.

그러나 우리가 자기 억제를 통하여 우리의 믿음을 증명해보이거나 하나님의 사랑과 인정을 받으려고 한다면, 그리스도 안에 있는 우리의 사명을 바꾸려고 노리는 종교의 영에게 탈취를 당한 것이다. 예를 들면, 1980년대 초에 필리핀의 어느 젊은이는 매년 부활절 기간에 자신을 채찍질하고 십자가에 못 박는 행위를 했는데 그는 기자들에게 이 일로 인하여 하나님의 은혜를 받아 천국에 들어가기를 원한다고 하였다. 그는 이 일을 이십 년 가까이 계속하였다.

그러나 이런 행동은 하나님께서 지시하신 것이 아니라 오히려 종교의 영이 그를 조종한 것이다. 우리는 언제나 우리가 하는 모든 일이 성령님으로부터 온 것인지, 아니면 대적의 속임수인지 확인해야 한다. 그렇지 않으면 우리의 자기 억제 행위는 영원한 진리의 열매를 맺기보다는 썩은 열매를 맺을 것이다.

::고립주의

종교의 영은 하나님의 백성을 세상의 모든 일에서 격리시켜버리는 성과를 거두어왔다. 종교의 영에 사로잡힌 백성은 세상적으로 사는 태도와 방종이 본인들을 타락시킬 수 있다고 여겨서 세상으로부터 분리되어 사는 것이 최선의 방법이라고 믿는다. 그들은 자신을 같은 교파나 교회 안으로 고립을 시키거나, 또는 극단적인 경우 누구와도 교류하지 않는다. 나는 여섯 살 먹은 소년이 야구를 했다는 이유로 교회 지도자의 대적 상대가 된 사례를 들은 적이 있는데 그 지도자는 아이에게 야구를 그만두든지 교회를 떠나라고 요구했다.

성경 말씀은 아주 다른 것을 가르친다. 빌립보서 2장 15절에서는 "너희가 흠이 없고 순전하여 어그러지고 거스르는 세대 가운데서 하나님의 흠 없는 자녀로 세상에서 그들 가운데 빛으로 나타나며"라고 언급한다.

종교의 영은 빛이 필요한 세상으로부터 우리의 빛을 숨기도록 우리를 유혹하고 있다. 나는 워치만 니의 통찰력에 감사한다.

> 우리가 들판이나 고속도로, 상점, 공장, 또는 부엌, 병원, 학교 등 그 어느 곳에서 일을 하든 모든 일은 하나님 나라의 관점에서 보면 모두 영적으로 가치가 있다. 세상 만물은 하나님 그분 한 분만을 위하여 존재한다. 사탄은 자신의 방법대로 세상을 만들어가기 위해서 어디에서도 그리스도인이 보이지 않는 것을 좋아할 것이다. 그러므로 사탄은 우리를 위협하여 이 세상에서 우리를 내쫓으려고 시도하거나 만일 그렇게 할 수가 없으면 자신의 기준에 따라 우리의 생각을 통제하거나 우리의 행동을 억제하여 자신의 조직 속에 우리를 가두어두려고 노력한다. 이렇게 되면 사탄이 승리하는 것

이다. 그러나 우리가 모든 소망과 모든 권리, 그리고 우리의 모든 기대를 잃지 않을 때 사탄에게는 패배를 안겨주고 하나님께는 영광을 돌리는 것이 된다.[6]

:: 당신의 빛을 비춰라

우리 모두는 어떤 형식이나 모양으로든지 '깨달음'을 찾고 있다. 종교는 옛날부터 존재했던 질문-인생이란 무엇인가?-에 대한 대답을 찾으려는 사람들의 방법이다. 하나님은 그분의 필요에 따라 우리를 창조하셨기 때문에 우리는 그분에게 이끌릴 수밖에 없다.

그러나 종교의 영은 깨달음을 위해 하나님이 주신 이런 자연적인 욕구를 '종교의 빛'이라는 마귀의 모조품으로 바꾸어버렸다. 의심의 여지가 없다. 그 마귀가 하나님의 사람들로 하여금 이런 거짓 빛에 초점을 맞추게 할 때, 우리는 어떻게 상황을 이해해야 하는지, 어떻게 문제를 처리해야 하는지, 무엇보다도 중요한 것은 어떻게 우리가 하나님께 반응해야 하는지를 왜곡해서 바라본다. 그렇게 되면 하나님께서 우리에게 명하신, 우리를 통해 세상에 진리의 빛을 밝게 비추라는 일을 감당할 수 없게 된다. "이같이 너희 빛이 사람 앞에 비치게 하여 그들로 너희 착한 행실을 보고 하늘에 계신 너희 아버지께 영광을 돌리게 하라"(마 5:16).

8장

우리의 삶에서 활동하는 종교의 영
Could You Have a Religious Spirit?

지금까지 종교의 영의 다양한 성격과 이 악한 영이 일반적으로 어떻게 영향을 미치는지를 살펴보았다. 이제 일반적인 관계에서 개인적인 상황으로 방향을 바꿔보자. 그리고 종교의 영이 하나님의 귀중한 자녀의 개인적인 삶 속에서 하나님의 계획을 파괴하기 위해 어떻게 작용하는지 더 구체적으로 살펴보자.

::경고 표시

이 책을 읽어가면서 여러분 개인의 삶에 종교의 영이 나타난 어떤 환경이나 태도들을 이미 보았을 것이다. 만일 그렇다면 놀라운 일이다! 종교의 영은 일단 보이지 않도록 숨어있기를 좋아하는데, 밖으로 드러날 때는 이미 그 힘이 약해진 것이다. 좀 더 깊이 들여다보면 종교의 영이 하나님의 사명을 방해하기 위하여 활동하는 경고의 표시들과 공격하는 방법들을 판단할 수 있다.

1. 종교의 영은 당신이 선포하지 않고 침묵하도록 시도한다.

주님께서는 우리 각자에게 생명과 기쁨, 소망을 다른 이들에게 전하라고 목소리와 성경 말씀을 주셨다. 그러므로 우리는 하나님의 진리와 은혜를 나타낼 수 있다. 그러나 종종 종교의 영은 우리가 말할 필요가 있을 때 말을 하지 못하게 한다.

때때로 종교의 영은 거절의 영과 연합하여, 우리가 진리의 말씀을 소리 내어 말하면 다른 사람들이 우리를 조롱하거나 배척하거나 또는 우리를 더 이상 좋아하지 않을 것이라고 생각하게 만든다. 교만의 영과 더불어 우리에게 이렇게 속삭이기도 한다. '내가 생각해볼 때 나는 이 사람보다는 우위에 있어서 이 사람은 내가 하는 말의 뜻을 알지도 못할 텐데 구태여 말을 할 이유가 없지.' 때로는 우리가 말하는 것이 소용이 없거나 중요하지 않은 것이라고 생각하게 한다. 그러나 잠언 25장 11절 말씀은 "경우에 합당한 말은 은 쟁반에 금 사과니라"라고 지적한다.

우리는 이 세상에서 하나님의 대변자다. 그래서 말을 해야 할 때를 아는 지혜가 필요하다. 주님께서는 우리가 크게 소리쳐 말하거나, 목소리를 높여 말하게 하셔서 그 말이 정말 은 쟁반의 금 사과처럼 귀하게 들려지기를 원하신다.

다른 한편으로 종교의 영은 우리가 기도할 때 침묵하게 한다. 아마 당신은 다음과 같은 예언을 받았거나 하나님의 말씀을 들었을 것이다. "내가 너를 위하여 이 일을 할 것이다. 내가 너의 가족을 위하여 이것을 이룰 것이다. 내가 너의 배우자를 위하여 이것을 할 것이다. 내가 너의 자녀와 부모를 위하여 이것을 이룰 것이다." 당신은 이 말씀을 믿고 또 믿었을 것이다. 그러나 몇 년이 지나도 이루어지지 않아서, 마치 하나님께서 이 약속을 잊어버리신 것처럼 보였을 것이다. 그래서 당신은 하나님의 약속과 하나님이 말씀하신 것을 선포하기를 중단했다. 종교의 영이 당신을 사로잡아 당신이 생명을 선포하는 것을 중지시키거나, 기도 중에 하나님의 진리를 선포하는 것을 중지시킨다면, 그때 당신은 경기를 끝낼 수도 없고 승리할 수도 없다. 또한 당신을 향한 하나님의 목적이 희미해지고 더 나아가 성숙하기도 전에 좌절하고 말 것이다.

2. 종교의 영은 당신의 신앙고백을 헛되게 하려고 시도한다.

종교의 영이 당신의 증언을 훔쳐갈 수 없다면 당신의 말을 무의미한 말로 만들어버리려고 시도할 것이다. 종교의 영은 그 전략으로 위선적인 행동을 사용한다. 어떤 사람이 대단히 강력하고 힘 있는 메시지를 증거한다고 하더라도, 그 사람이 위선으로 가득 찬 삶을 산다면, 그 말씀은 하나님의 능력이 없는 공허한 것이 된다.

내가 예수님을 믿은 지 삼 년 정도 되었을 때 이런 위선에 빠져있는 나를 분명히 보았다. 그때 나는 이미 하나님의 말씀을 전하면서 여성들의 모임에서 설교를 하고 있었다. 당시 나는 아주 영적으로 보였고 스스로 지혜롭다고 생각했다. 나는 정말 그 역할을 잘 감당하고 있다고 생각했다. 그러나 주님께서 나의 열다섯 살짜리 딸을 통하여 나에게 진리를 보여주셨다. 어느 날 우리는 엄마와 딸 간에 흔히 있는 언쟁을 하게 되었는데 내 딸이 "엄마가 미워요. 엄마가 하는 일도 밉고, 엄마의 이름까지도 미워요! 엄마는 단지 위선자에 지나지 않아요!"라고 외쳤다.

딸의 말은 화살처럼 내 심장에 박혔다. 나는 그 말이 옳다는 것을 인정할 수밖에 없었다. 나는 위선자였다. 강단에서 설교할 때 나는 영적으로 거인이 되었으나, 집에 와서는 전혀 다른 사람이 되었다. 사실 나는 집에서는 자주 화를 내었고, 비판적이었으며, 흠잡기를 좋아하고, 무례하게 굴었다. 나는 회개해야 할 것이 많은 사람이었다.

종교의 영은 밖으로 드러나는 우리의 행동이 중요하고, 가슴속 깊은 곳에 있는 것들은 아무것도 아니라고 우리를 속인다. 내 딸은 고맙게도 나의 외관을 통하여 내면을 들여다볼 수 있게 해주었다. 내가 전하는 말씀은 나의 위선적 행동으로 인하여 내 딸에게는 전혀 공허한 것이 되어버렸다. 내 딸은 내가 살아온 거짓된 삶을 미워하면서 자란 것이다.

바리새인을 단 한마디 말로 표현하면 '위선자'다. 그들이 뱉어내는 모든 '종교적 지혜'는 그들의 명백한 위선적 행동에 비추어볼 때 우리 주 예수님에게 아무런 의미가 없었다.

3. 종교의 영은 여러분의 희망, 꿈, 비전 그리고 사명을 죽이려고 애쓴다.

마귀는 우리를 공격하기 위하여 오랫동안 참고 기다리는, 인내심이 많은 악한 영이다. 마귀는 때로는 당신을 지치게 하고 힘들게 하는 곳으로 몰아가며 또한 하나님께서 당신을 위하여 마련한 아름다운 미래를 믿지 못하도록 몇 년이고 노력하기도 한다. 따라서 당신이 "여기 있는 것이 무슨 의미가 있는가? 내가 무슨 일을 할 수가 있는가? 하나님께서 내게 가지신 목적이 무엇인가?"라고 의심을 하기 시작하면 당신은 종교의 영이 원하는 그 지점에 이른 것이다.

이런 종류의 의심은 종교의 영이 장차 이루어야 할 당신의 사명과 소망에 죽음을 가져다주는 것이다. 하나님은 모든 사람이 이 책을 읽기를 원하시며 여기에는 바로 당신도 포함되어있다. 그분은 당신의 인생에 목적과 계획과 뜻을 가지고 계신다. 이런 사실은 당신이 비록 과거에 죄를 지었고, 그 죄가 당신이 받은 사명을 감당하기에 너무나 크고 악할지라도 변함이 없는 진리다. 우리의 적인 마귀가 사명을 감당하지 못하도록 무거운 짐을 당신에게 지워서 쓰러지게 하면, 하나님은 그 무거운 짐을 벗겨주시고 내일의 새로운 소망을 당신에게 주기를 원하신다.

4. 종교의 영은 당신의 열정을 죽이려고 시도한다.

열정이란 사랑이나 기쁨처럼 억제할 수 없는 감정을 말하는데 "우리를 행동하게 하고, 열심인 감각을 가져다줌으로써 우리를 집중하게 하며, 열심을 지속적으로 유지하도록 해준다."¹ 하나님은 우리가 열정을 가진 사람이 되기를 원하신다. 야고보서 5장 16절은 의인의 효과적이고 뜨거운 기도가 어떻게 많은 응답을 받는지를 알려준다. 뜨겁다는 것은 열정을 의미한다. 하나님은 우리의 기도에 응답하기를 원하시고, 우리가 열정적으로 살기를 원하신다.

그러나 우리의 적은 우리의 열정에 찬물을 끼얹는다. 모세가 시내산에서 하나님이 주신 십계명을 받고 내려올 때 그의 얼굴은 밝은 광채로 빛나고 있었다. 백성이 모세 옆에 오기를 두려워해서 그는 얼굴을 수건으로 가렸다. 어떤 점에서 모세는 그의 열정을 가렸던 것이다.

당신은 모세처럼 하나님께서 열정에 불을 붙이신 집회에 가본 적이 있는가? 그리고 그곳에서 사람들이 다음과 같은 질문을 하는 것을 보았는가? "당신은 왜 이렇게 흥분하고 있습니까? 왜 이렇게 시끄럽습니까? 당신에게 무슨 일이 있습니까? 모두 그만두십시오!" 이와 같은 열정은 가끔 우리의 주변을 불편하게 만들기도 한다.

열정은 부흥의 일부이기 때문에, 대적은 열정을 죽이려고 한다. 종교의 영이 우리의 열정을 빼앗는 것은, 하나님께서 우리의 삶에서 역사하시는 부흥을 빼앗는 것과 같다. 종교의 영은 그것을 신앙이라는 이름으로 행한다. "올바른(예의바른) 그리스도인은 예배하면서 춤을 추거나, 소리 지르거나, 이상한 행동을 하지 않는다"라고 말하면서 우리의 열정을 빼앗는 일반적인 책략을 쓴다.

당신은 답답한 구식의 교회에 갔을 때 대단히 엄숙하고 모든 것을 예정된 절차대로 진행하는 것을 본 적이 있는가? 종교의 영은 이런 엄숙하고 슬픈 듯이 회개하는 행동만이 거룩하다고 믿게 한다. 그러나 그것은 진리가 아니다. 행복, 기쁨, 평화, 넘치는 은혜, 그리고 지금의 우리를 창조하신 주님에 대해 열정이 넘치는 반응이 거룩이다.

5. 종교의 영은 우리의 모든 관계를 단절시키려고 획책한다.

관계가 깨어질 때, 종교의 영은 사람들로 하여금 마음을 닫게 하여 화해를 막아버린다. 어떤 그리스도인은 다른 사람과 논쟁을 하면 함께 일을 하거나 서로 의논하는 것을 거부한다. 사도 바울조차도 이런 불화의 형태를 다음과 같이 조정할 수밖에 없었다. "내가 유오디아를 권하고 순두게를 권하노니 주 안에서 같은 마음을 품으라"(빌 4:2).

어머니가 팔십 세 생일 잔치를 하기 직전 나와 마음을 열고 대화를 나눌 기회가 있었다. 어머니는 분노와 비난, 비판주의로 생긴 상처와 고통 그리고 원한을 계속 지니고 있었다. 나는 어머니의 손을 잡고 눈을 똑바로 쳐다보면서 말했다. "용서가 없는 것이 우리 가정에 대대로 내려오고 있습니다. 우리는 삶 속에 그리스도를 영접한 순간 마음속에 있는 원한, 분노 그리고 비판을 지닐 권리를 모두 포기한 것입니다. 이것들로부터 해방되고 싶지 않으세요?"

어머니는 눈물을 흘리면서 나의 제안을 받아들였다. 그리고 나를 따라서 그녀가 용서하지 않았던 모든 것을 용서하는 기도를 드렸다. 제일 미워하던 사람을 용서하기로 선택했을 때, 어머니의 얼굴은 빛이 나기 시작했고 마음은 그 사람을 사랑하는 마음으로 가득하게 되었다. 어머니는 단순히 축하받기 위해서가 아니라 이전에 화해를 거부했던 사람들을 칭찬하고, 축복하고, 격려하기 위해서 잔치 자리에 갈 수 있었다. 그리고 약 한 달 후에 어머니는 주님이 계신 곳으로 가셨다. 하나님께서는 어머니가 죽을 때를 아셨고, 어머니가 이 세상에 살아있는 동안 화해를 하고 새로운 삶을 사는 기회를 허락하셨다.

우리가 용서의 생활 방식을 선택하면, 관계를 단절시키려는 종교의 영의 기회를 수포로 돌리게 할 수 있다. 지금 즉시 회개하고, 용서하고, 화해하라. 원한을 품거나 보복하는 것을 포기하라. 자신에게 은혜가 중요한 만큼 다른 사람에게도 은혜를 베풀어라. 이것이 당신의 영혼에 발판을 마련하려고 하거나 중요한 관계를 끊어버리게 하는 대적에게서 당신을 지킬 것이다.

6. 종교의 영은 당신을 다른 믿음의 사람들에게서 고립시키려고 한다.

종교의 영은 중요한 관계들을 끊어버리는 것만으로는 만족하지 않는다. 앞 장에서 살펴본 것처럼 종교의 영은 우리를 그리스도의 몸으로부터 떼어내려고 한다. 릭 조이너는 종교의 영에게 공격을 받은 사람은 다음과 같은 행동들을 한다고 지적했다.

: 그들은 다른 사람과 다른 교회의 옳은 점보다 잘못된 점을 더 잘 찾아내는 데 신경을 쓴다.
: 그들의 철학은 "나는 하나님 외에 다른 사람의 말은 듣지 않는다"라는 것이다.

: 그들은 자신들보다 영적인 능력이 떨어진다고 판단되는 사람에게는 조언을 받지 않으려고 한다.
: 그들은 남들보다 더 많이 집회에 참석하고 성경을 더 많이 읽으며 하나님을 위하여 더 많은 일을 하기 때문에 다른 사람들보다 우월하게 느끼는 영적인 삶을 항상 마음속으로 계산하고 있다.
: 그들은 다른 사람들보다 하나님과 더 친밀하다고 믿기에, 그들의 삶이나 사역이 하나님을 더 기쁘시게 한다고 여긴다.
: 그들은 하나님께서 삶 속에 주신 새로운 움직임이나 새로운 교회 그리고 기타 새로운 것들에 대하여 의심을 하거나 저항하는 경향이 있다.
: 그들은 자신이 이해하지 못하는 영적인 표현들은 거부하는 경향이 있다.
: 그들은 어떤 일이든지 완전하거나 또는 완전에 가깝지 않으면 동참하지 않는다.[2]

종교의 영이 그리스도 안에서 형제 자매가 된 우리를 고립시키면 우리는 적들의 다양한 공격으로부터 상처를 입게 될 것이고, 말할 필요도 없이 주님께서 이러한 우리의 태도를 몹시 슬퍼하실 것이다.

7. 종교의 영은 하나님께서 그의 백성에게 더 이상 말씀하지 않으시며, 구체적으로 당신에게도 말씀하지 않으신다고 영구적으로 거짓말을 한다.

내가 선교 여행을 다니면서 자주 듣는 말은 오늘날 하나님께서는 우리와 교제할 수는 있지만 직접적으로는 대화하지 않으신다는 것이다. 그러나 예수님께서 다음과 같이 말씀하셨다. "내 양은 내 음성을 들으며 나는 그들을 알며 그들은 나를 따르느니라"(요 10:27). 예수님의 소망은 그분을 주님으로 부르는 모든 사람이 그분의 음성을 듣는 것이다. 그분은 약속의 말씀과 그분의 계획과 우리를 향한 목적을 보류하지 않으신다. 그분은 그분의 소망과 그분의 임재하심을 억제하지 않으신다. 우리는 이런 것들을 구걸하지 않아도 된다. 그분은 우리를 사랑하실 뿐만 아니라 우리와 함께 있기를 원하신다. 좋은 아버지처럼 하나님은 우리를 사랑하시며, 우리가 그분의 말씀하시는 것을 듣고 그의 가르침과 축복을 받을 수 있기를 원하신다.

그러나 우리는 효과적으로 들을 수 있도록, 즉 그분의 말씀을 분명하게 그리고 지속적으로 들을 수 있도록 훈련을 받아야 한다. 우리의 대적이 우리로 하여금 하나님이 우리와 교제할 수 없거나 또는 교제하기를 원하지 않으실 것이라고 확신시키고 유혹하는 것은 아주 쉬운 일이다. 종교의 영은 우리가 하나님과 대화하는 자리로 나아가기도 전에 이런 온전한 생각을 포기해버리도록 만든다. 일단 우리가 하나님의 말씀을 듣고 그분의 목소리를 알게 되면 우리는 그분이 우리에게 주신 사명을 이행할 수가 있기 때문이다. 이럴 때 우리는 우리 영혼의 적에게 실질적인 타격을 가할 수 있는 날카로운 무기를 사용할 수 있다.

8. 종교의 영은 하나님께 받은 당신의 권세를 포기하게 한다.

이런 일은 남자들에게는 확실히 일어나는데 때로 여자들을 공격하기도 한다. 사탄은 우리가 연약한 존재이며, 우리는 단지 '진짜' 목사들의 목회를 배후에서 지원하는 보조 역할밖에 할 수 없다고 믿게 한다. 그러나 하나님은 모든 믿는 자에게 그분의 이름 안에서 특정한 수준의 권세를 주셨다.

나는 바바라 웬트로블(Barbara Wentroble)이 어느 집회에서 다음과 같이 탁월한 지적을 하는 것을 들었다. "종교의 영은 여자를 속박하고 노예로 만들어버렸다." 그녀의 지적은 정말 옳았다.

예수님께서는 다음과 같이 말씀하셨다. "내가 너희에게 뱀과 전갈을 밟으며 원수의 모든 능력을 제어할 권세를 주었으니 너희를 해할 자가 결단코 없으리라"(눅 10:19). 권세가 오직 남자들에게만 주어졌다고 이 말씀에서는 말하지 않는다. 실제로 하나님께서 우리에게 주시려는 권세를 우리가 포기하면, 적이 들어와서 우리 가정을 공격하도록 문을 열어준 셈이 된다.

우리는 적과 싸워 이길 수 있는 권세를 가졌다는 사실을 깨달아 알 필요가 있다. 인종이나 신장의 크고 작음이나 사회적인 지위나 장애자나 할 것 없이 믿는 자라면 누구나 동일한 권세를 가졌다. 예수님의 십자가의 구속 사역으로 우리에게 이런 권세가 주어졌다. 예수님으로 인하여, 모든 인간은 하나님과 관계를 맺을 수 있게 되었을 뿐만 아니라 하나님은 모든 믿는 자에게 누가복음 10장에 나타난 권세를 주셨다. 그리스도인인 우리는 하나님이 주신 능력과 권세를 깨달아야 한다. 이제 우리는 군사가 되기 위해 권세 안에서 일어서야 한다. 하나님은 우리를 예정하시고 임명하셨다.

9. 종교의 영은 당신이 받은 은사를 버리게 하려고 애쓴다.

이 방법은 종교의 영이 처음 내 삶 속에서 들어왔을 때 일어났다. 이 책의 1장에서 수년 전 독일에서 베스 알베스 목사님과 동역할 때의 이야기를 했다. 나를 돋보이게 하는 것을 그 목사님이 느끼지 못하도록 주님께서 내게 주신 은사를 쓰지 않기로 나는 선택했었다. 그로 인해 나의 삶 속에서 나를 상하게 했을 뿐만 아니라, 나의 삶을 통해 주님께서 하시는 사역의 능력을 감소시키는 실수를 범했다. 이 일을 통하여 나는 주님께서 주신 은사를 버리지 않음으로써 얻을 수 있는 귀중한 교훈을 배웠다.

종교의 영은 하나님 나라에서 성도의 참된 능력을 무력화시키는 수많은 수단을 사용하고 있다. 때로는 나에게 사용했던 수단을 사용하기도 한다. 또 다른 수단, 예를 들면 죄책감 같은 감정을 사용한다. 어떤 사람은 하나님께서 주신 은사에 대하여 실제로 죄책감을 느낀다. 물론 이것은 잘못된 자기 비하에 불과하다.

또 어떤 사람들은 과거에 지은 죄로 인하여 하나님의 사역자가 되기에는 자격이 없다고 생각한다. 종교의 영이 우리를 과거사에 묶어두려고 하기 때문이다. 그러나 주님은 우리가 과거의 짐이나 죄를 지고 걷는 것을 원하지 않으신다. 그분은 우리가 현재나 장래에 그분이 주신 사명을 잘 감당할 수 있도록 자유롭기를 원하신다.

그러므로 우리는 우리가 받은 하나님의 귀중한 은사를 포기하지 않도록 부단히 경계해야 한다. 그것은 우리의 사명과 연결되어있다! 이 은사는 우리 자신과 남을 축복하는 수단이 되기도 한다. 그리고 은사는 그 특성상 적에게 위협이 된다. 영적 전쟁에서 적에게 승리를 허용하지 마라. 하나님께서 주신 모든 것을 포함하여 승리를 당신의 생의 목표로 삼아야 한다.

10. 종교의 영은 당신의 기쁨을 뺏으려고 한다.

기쁨은 성도의 삶에서 중요한 부분을 차지한다. 하나님은 인간을 즐거운 존재로 창조하셨다. 반면에 사탄은 우리가 주님이 주시는 기쁨을 갖는 것을 매우 싫어하며, 따라서 우리의 기쁨을 빼앗는 것을 목적으로 하고 이를 달성하기 위하여 날뛴다. 사탄은 우리에게서 기쁨을 빼앗을 수만 있다면 하나님께서 최후 승리를 위하여 우리에게 주신 가장 중요한 다른 요소들도 쉽게 제거해버릴 수 있다는 것을 알고 있다. 좀 더 구체적으로 설명하면 다음과 같다.

주님의 기쁨이 우리의 힘이다(느 8:10). 물론 사탄은 우리가 기쁨을 누리는 것을 원치 않는다. 그가 우리의 기쁨을 빼앗을 때 우리의 힘도 같이 빼앗아버릴 수 있다는 것을 사탄은 잘 알고 있다. 우리는 하나님께서 주신 참음, 저항, 전투, 인내, 추구, 공격, 구원, 소망, 축복하는 힘, 그리고 더 많은 능력이 필요하다.

힘이 빠지면 우리의 대적이 우리를 위한 하나님의 계획을 방해하려고 어떤 일을 하려는지 발견하기가 어렵다. 또한 악한 영의 공격에 대항하여 싸울 수도 없다. 사탄은 우리의 힘을 빼앗을 수 있다면 그때 우리의 용기도 빼앗을 수 있다는 것도 알고 있다. 하나님이 주신 용기는 우리의 인생의 여정에서 일어나는 어려움들과 두려움 그리고 고통을 대면하도록 도와준다. 사탄이 우리의 용기를 빼앗아버리면, 그때 우리의 담대함도 빼앗을 수 있다. 우리는 적의 강력한 공격을 대면하고 그리고 주저함 없이 모든 공격을 물리치기 위해서 담대함이 필요하다. 우리의 기쁨을 빼앗기게 되면 사탄의 계획적인 공격에 상처를 입게 된다.

나는 다윗이 어린 소년이었지만 힘과 용기와 담대함으로 거인 골리앗과 마주 섰던 것을 기억한다. 그는 자신의 삶에서의 지위나 환경을 무시하고 오직 살아계신 하나님을 비웃는 적의 만행과 대결했다. 다윗은 대적이 그가 받은 정당한 권한을 빼앗아가도록 허락하지 않았다. 다윗은 주님이 주신 기쁨 안에서 삶을 누리고 있었고, 그래서 계속 힘과 용기와 담대함을 발휘할 수 있었다.

더 나아가 우리는 기쁨을 빼앗긴 만큼 믿음에도 심각한 타격을 받는다. 우리를 통하여 성취할 말씀이나 약속을 알지 못하면 우리는 다음과 같은 생각을 하게 된다. '왜 내가 이것을 계속 믿어야 하는가? 이 일은 정말 어렵고 힘들구나. 하나님도 이 일은 하시지 않을 거야!' 이처럼 종교의 영은 우리를 낙심시킨다. 그러면 우리의 기쁨도 썰물처럼 빠져나가서 지치게 된다. 그리고 하나님께서 우리와 주변 환경에 대해 주신 말씀에 동의하기가 어렵게 된다. 어둠과 파멸이 들어오고 슬픔만이 우리를 지배한다. 이것이 바로 종교의 영이 원하는 바가 아닌가!

우리는 기쁨을 유지하고, 하나님의 약속들을 선포함으로써 우리의 믿음을 세워야 한다. 로마서 10장 17절은 "믿음은 들음에서 온다"라고 밝힌다. 때때로 이것은 우리 자신의 입으로부터 나오는 말씀을 듣는 것을 의미할 수도 있다. 하나님의 약속을 우리가 입으로 선포하면 선포할수록 믿기도 쉬워지고 우리의 믿음도 자란다. 우리의 믿음이 자라는 만큼, 우리의 기쁨과 힘도 같이 자라게 될 것이다.

::종교의 영은 단독으로 일하지 않는다.

이 책에서 나는 종교의 영이 우리를 공격하는 방법과 우리의 삶에서 일하시는 하나님의 사역을 방해하는 여러 가지 경우에 대하여 나누었다. 이러한 경우가 수없이 많이 있지만, 종교의 영 외에도 우리를 공격하는 다양한 영들이 있다는 것을 지적하는 것도 대단히 중요한 일이다.

악한 영들은 무리 짓는 것을 좋아한다. 당신이 하나의 악한 영에게 공격을 받았다면 아마도 다른 종류의 악한 영도 뒤따라 공격해올 가능성이 크다. 악한 영들은 여럿이 힘을 합쳐서 공격하는 것을 좋아한다. 그들은 서로 의지하며 서로 힘을 북돋아준다. 그들 하나하나는 각 방면의 전문가다. 우리를 공격할 때는 그들이 지닌 전문적인 수단으로 각기 다른 방법으로 공격하기 때문에 매우 효과적인 공격이 될 수도 있다. 우리를 대적하는 그들의 힘이 강하다는 것은 그들의 공격이 그만큼 성공할 가능성이 크다는 것을 의미한다.

내가 이 장에서 언급한 바와 같이, 예를 들면, 종교의 영이 거절의 영과 같이 합력하여 우리가 스스로 아무 쓸모없는 벌레에 지나지 않는다고 믿게 할 수 있다. 아니면 교만의 영과 같이 합력하여 우리가 실제보다도 더 우월한 것처럼 우쭐대도록 만들기도 한다. 종교의 영은 또한 우상숭배의 영과 합력하여 우상에게 절하고 경배하거나 불신의 영과 합력하여 우리의 믿음을 잃게 하기도 한다.

이런 예를 보면 어떤 악한 영은 서로 반대되는 일을 하는 것처럼 보이지만, 종교의 영은 이들 모두에게 공통적인 역할을 한다. 그리고 이 악한 영은 우리가 어떤 거짓말에 쉽게 속아 넘어가는지에 따라서 다른 종류의 악한 영들과 합력한다. 악한 영은 우리가 하나님의 충만한 계획으로 들어가는 것을 방해한다.

악한 영에게 저항할 수 없다고 느낄 수도 있지만, 그러나 용기를 가져라. 거기에 소망이 있다! 종교의 영과 무리들을 우리의 삶에서 무찌르고 쫓아낼 수 있다. 이 방법을 다음 장에서 살펴보자.

9장

종교의 영을 이기는 법
Defeating the Religious Spirit

나는 앞에서 많은 부분을 종교의 영이 무엇이며 그것이 주님의 몸 된 교회와 그리스도인의 삶 가운데에서 어떤 짓을 하는지 논의했다. 종교의 영이 우리를 공격하려고 줄기차게 노력하고 있다는 사실을 아는 것이 매우 중요하다. 종교의 영이 무슨 짓을 하고 있는지 모르면 우리는 종교의 영이 공격하고 있다는 것을 모르거나 삶에서 그것의 공격이 어떤 결과를 낳는지도 모르게 된다. 그래서 이 악한 영을 쫓아낼 필요가 있는지도 모르고 지나쳐버릴 수도 있다.

최근에 나는 일본의 한 성경 공부 모임에서 종교의 영에 대하여 강의를 하고 있었는데 이틀 후에 그 모임에 참석하고 있던 한 목사님이 말하기를 아주 재미있는 강의이기는 하지만 자기는 종교의 영과 아무

상관이 없으니 축사 사역이 필요 없다는 것을 명확히 해줄 것을 요구했다. 본인은 서른네 살 때 아무도 자신을 주님께 인도해주지 않았는데 스스로 예수님을 만났다고 했다. 그런데 그 다음 날 그는 대담하게 "나는 수많은 종교의 영을 가지고 있습니다"라고 발표했다.

성령님께서 점잔 빼는 사람에게 종교의 영이 어떻게 역사하는지, 그 목사님의 삶 속에서 나타난 종교의 영의 열매를 알도록 계시하여주셨다. 마지막 수업 때는 모든 학생에게서 악한 영들을 쫓아내는 사역을 했다. 이 목사님을 포함한 모든 학생이 종교의 영으로부터 통쾌하게 놓임을 받았다.

종교의 영이 공격하는 방법을 아는 것 역시 중요하다. 종교의 영은 사람, 입장, 사정, 그리고 종교적인 마음가짐을 통하여 우리를 공격한다. 이것은 인간이 아니고 영이다. 사람 자체가 우리의 적이 될 수 없다. 당신의 남편이 당신의 적이 될 수 없고, 당신의 아내가 당신의 적이 될 수 없다. 당신의 선생님, 사장님, 사업 동반자, 친구, 처가나 남편의 식구들, 또는 목사님이 당신의 적이 될 수 없다. 사탄과 그의 타락한 천사들이 당신의 적이며 전쟁에서 꼭 이겨야 할 적들인 것이다.

지금까지 이 책을 읽으면서 당신의 생활 가운데에 들어온 종교의 영이 당신에게서 무엇을 훔쳐갔는지를 깨닫고 또 그 악한 영의 영향력이 당신을 압도하고 있는 것을 알게 되었다면 당신은 분개할 수도 있다. 그러나 성령님께서 종교의 영이 당신을 대적하고 있다는 것을 알려주시고 당신이 이 악한 영을 몰아낼 준비가 되면, 하나님께서 나를 자유롭게 하셨던 것처럼 당신을 자유롭게 하실 것이다.

이 장은 종교의 영을 자기 스스로 축사하는 지침서다. 이 장을 처음부터 끝까지 모두 읽기를 권한다. 성령님께서 인도하시는 것을 조심스럽게 듣고, 천천히 시간을 가지고 자유롭게 되는 발걸음을 따라가기 바란다. 계속 일기를 쓰는 것이 도움이 될 것이다. 주님께서 당신에게 보여주신 것과 어떻게 기도해야 하는지를 가르쳐주신 것도 일기로 쓰는 것이 좋다.

:: 종교의 영에서 자유하는 단계

아래에서 나는 축사 사역을 받아들이는 단계에 대한 개략을 논하였다. 축사 사역을 위한 기도나 말로 표현하는 방법에 신기한 무언가가 있는 것은 아니다. 이것들은 단지 제안하는 것이다. 대적들의 통제로부터 자유로울 수 있는 특별한 방법이나 기계적 암기에 의한 기도는 없다. 성령님의 능력으로 당신을 자유롭게 하는 것뿐이다.

1. 당신도 종교의 영을 몰아내야 할 필요가 있음을 시인하라.

첫 번째 단계는 열두 단계로 되어있는 방법을 생각나게 할 수도 있지만, 꼭 필요한 단계다. 악한 영으로부터 해방이 필요함을 인정하는 것은, 당신이 그 악한 영에게 '붙들려있다' 거나 당신의 구원이 예수 그리스도 안에서 영원히 보증되지 않았음을 의미하지 않는다. 또한 성령님께서 당신의 삶에 역사하지 않으신다는 뜻도 아니다. 단지 종교의 영이 당신의 삶에 영향을 주고 당신에 대한 주님의 계획과 목적을 좌절시키려는 시도를 하고 있다는 것을 인지하는 것이다. 그것은 당신이 이 책에서 거론한 한 가지 또는 그 이상의 영향을 알게 되었고, 나아가 종교의 영을 이길 수 있는 준비가 되어있다는 것을 뜻한다. 당신에게 축사 사역이 필요함을 인정하는 간단한 기도를 드려라.

> 주님, 나는 오늘 종교의 영을 나에게서 몰아내야 한다는 것을 인정합니다. 성령님께서 어떤 사탄의 세력들보다 강하다는 것에 감사드리며, 자유를 위한 모든 기도의 길로 나를 인도하여주시기를 간구합니다.

2. 당신은 주님의 자녀이며 예수 그리스도가 당신의 주님이며 구원이라는 것을 선포하라.

"당신이 '무엇'을 아는지가 중요한 것이 아니라 '누구'를 아는지가 중요하다." 축사 사역을 할 때 이 옛 말이 특히 잘 적용되는 진리다. 당신이 예수님을 당신의 주님과 구원자로 받아들인 적이 없거나 당신의 구원에 대한 어떠한 의심이라도 있다면 아래의 기도문을 따라 기도하기를 권한다.

> 주 예수님, 나는 당신이 필요합니다. 죄악으로부터 돌아서서 당신의 죄 사함을 받아들입니다. 성령님을 내 안에 보내주셔서 당신을 바로 알게 하시고 당신이 원하시는 내가 될 수 있도록 도와주십시오. 주님께서 나의 모든 죄를 용서하여주시고 주님과 교제할 수 있도록 은혜 주신 것을 믿고 감사를 드립니다.

당신이 그리스도 안에서 당신이 누구인지를 알고 있다면 이미 이 영적 전투에서 절반은 이기고 있는 것이다. 자, 이제 당신은 하나님의 걸작이며, 그분의 위대한 뜻과 목적에 따라 그분의 형상대로 창조되었다는 것을 선포하라. 종교의 영은 당신이 이렇게 자신을 알게 되는 것을 원하지 않으며 당신이 하나님께서 주신 권세를 가지고 걸어가는 것도 원하지 않는다. 그러므로 당신이 하나님의 자녀라는 것을 기도로 선포하라.

> 나는 하나님의 자녀임을 선포합니다. 예수 그리스도가 나의 주님이시며 구세주이심을 선포합니다. 나는 가장 높으신 하나님의 위대한 뜻과 목적에 따라 그분의 형상대로 창조되었으며, 오늘도 나는 그분께서 나를 위해 예비하신 모든 것을 따라갈 것을 선포합니다.

3. 지금까지 종교의 영이 당신에게 들어와서 짓게 한 모든 죄를 회개하고 죄를 끊어버리라.

회개한다는 뜻은 당신의 마음을 바꾸는 것이다. 당신이 속해있던 곳으로 복귀한다는 뜻이다. 존 비비어(John Bevere)는 회개에 대하여 잘 표현하고 있다.

> 하나님은 죄를 회개하는 것을 원하심은 물론 마음과 중심이 현재의 삶을 묵인하는 사고방식을 따라가는 것으로부터 바꿀 것을 원하신다. 그분은 죄를 짓는 우리의 성품도 회개하기를 원하신다. 회개는 단순히 우리가 행

한 어떤 것을 사과하는 것 이상이다. 사도 바울은 회개하지 않으면 슬픔을 넘어 죽음이 있을 것이라고 밝혔다(고후 7:9-10 참조).[1]

끊는다는 것은 단념하고 거부하며 포기하고 내버리는 것을 의미한다. 즉 단절을 의미한다. 당신이 죄를 끊은 것처럼, 당신은 하나님의 말씀에 반대되는 어떤 것을 믿는다고 한 거짓말이나 고백 또는 선택을 했던 곳으로 돌아가서, 그것들을 지금부터 영원히 거부하는 것이 필요하다.

이 단계가 지금 9장의 대부분을 차지하는 충분한 이유가 있다. 악한 영들은 우리가 그들에게 들어올 수 있는 접촉점을 주었기 때문에 우리를 괴롭힐 합법적인 권리를 가지고 있다. 우리가 죄를 지을 때, 종교의 영이 우리의 삶에 들어오도록 문을 열어준 것이다. 피터 호로빈(Peter Horrobin)은 어떻게 이런 일이 일어나는지를 잘 설명해주고 있다.

> 왜 죄가 악한 영이 우리에게 들어오는 입구가 되는가? 그 대답은 아주 간단하면서 난해하다. 죄는 하나님을 대항하는 반항이다. 사탄의 반항은 하늘에서 하나님 아버지가 홀로 받으실 영광을 자신도 받겠다고 시도한 그때에 이미 시작되었다. 사탄의 반항은 이 땅에서도 인간들이 죄를 지어 사탄처럼 행하도록 유혹하면서 계속된다. 죄는 우리가 하나님의 뜻, 계획, 그리고 목적에 반대되는 것을 행하는 것이다. 우리는 죄의 유산을 가졌기 때문에 죄를 짓는다.
>
> 우리가 죄를 범할 때마다 살아계신 하나님께 반항하는 것은 물론 사탄을

경배하는 것이 된다. 모든 죄는 우상숭배로 귀결되며, 이를 통하여 우리는 우리 삶에 하나님이 아닌 사탄을 모시게 된다.

일단 우리가 이렇게 죄악의 본성을 이해하면, 사탄을 숭배하게 되고, 우리가 사탄의 졸개 중 하나인 악한 영에 의해 점령당할 만큼 약하다는 것을 사탄이 알게 되어 다음 단계로 나아가는 것을 어렵지 않게 시도한다.[2]

종교의 영을 포함한 그 어떤 악한 영으로부터 우리 삶이 자유롭기 위해서는 악한 영들이 들어올 수 있도록 만든 죄악들을 먼저 회개해야 한다. 이 단계는 시간이 많이 걸릴 수도 있다. 이 책에서 거론된 모든 것이 당신에게 동일하게 적용되지 않을 수 있다. 어쩌면 당신은 본인이 처한 특정한 일에 대해 좀 더 깊이 기도하는 것을 원할 수도 있다.

주님께서 당신에게 구체적으로 알려주시는 특정한 죄를 회개하기 위해서는 시간이 좀 더 걸릴 수도 있다. 주님께서 조명해주시는 명확한 실례들을 회개하는 시간을 가져라. 주님께 당신의 삶 속에서 종교의 영과 함께 역사한 악한 영들을 보여달라고 간구하라. 주님께서 마음에 주신 것에 대해 기도하는 중에 확신을 느낀 것들을 기록하면 좋다. 성령님께 아래와 같은 기도를 통하여 인도하시도록 구하라. 이 기도는 단지 하나의 지침서라고 생각하라.

■나는 성령님 대신에 다른 악한 영들이 나를 이끌도록 한 것을 회개합니다. 예배와 찬양, 기도, 성경 말씀 읽기, 그리고 영적 전쟁에서 나의 지식과 지능만을 의지한 것을 회개합니다. 다른 사람의 기름 부음을 모방만 하고 종

교 형식에 의해 다른 사람처럼 능력을 받으려고 한 모든 노력과 시간을 회개합니다. 또한 나를 위한 하나님의 모든 예비하심이 부족하다고 믿었던 생각을 끊어버립니다. 이제 나는 당신께서 삶에서 나를 통하여 원하시는 모든 것에 풍성하도록 기름 부으신 것과 그리고 지금 바로 그 기름 부음을 받고 있음을 선포합니다.

당신이 주신 은사들을 의도적으로 사용하지 않은 것을 회개합니다. 나의 삶, 은사, 재능을 당신께 드립니다. 이제부터 당신의 영광을 위해 사용할 것을 선포합니다.

나는 성령님 대신에 대적하는 가짜의 영을 나의 삶에 받아들이고 주님과의 관계보다는 종교 형식에만 매달린 것을 회개합니다. 주님께서 기뻐하지 않으시는 모든 형식적인 종교의식을 모두 회개하고 이런 것들을 버릴 것을 결심합니다. 내가 빠졌던 모든 미신과 우상숭배를 회개하고 이것을 끊어버리겠습니다. 모든 미신에서 오는 두려움을 끊어버리겠습니다. 주님은 오직 하나뿐인 진리이시며 살아계신 하나님이신 것을 선포하며, 당신께서는 형식적이거나 미신적인 것에는 절대로 응답하지 않으신다는 것을 이제는 압니다. 당신께서 나의 하나님 아버지로서 지금 이 시간에도 나와 사랑스러운 교제의 관계를 유지하고 있으심을 알고 있으며 이 교제는 형식적인 종교행사나 복종이나 나의 선행의 결과가 아니라 당신의 자녀가 된 나의 지위에 의하여 이루어지고 있음을 선포합니다.

거짓된 예배와 종교의식 즉 불교, 힌두교, 이슬람교, 유교, 고대 이집트의 신 숭배(아이시스, 오시리스), 프리메이슨 당과 비밀 예배 단원[3], 모든 민속·토속신앙(모든 부족의 민간신앙과 수련 행동)[4], 동양의 민속 종교들[5],

모든 개인숭배(몰몬교, 크리스천 사이언스와 여호와의 증인 포함), 모든 뉴에이지 운동[6], 마녀 숭배[7], 신비주의 활동[8], 심령주의[9], 악마 숭배[10], 우상숭배[11], 그리고 오직 한 분이시고 진리이시며 살아계신 여호와 외에 다른 어떤 것이라도 예배했던 것을 회개합니다.

나는 성령님의 말씀을 듣고 따르기보다 모든 종교 형식과 전통에 매달렸던 일을 회개하고 이를 끊어버립니다. 당신께서 지난날에 나를 위하여 하셨던 사역을 다른 것으로 바꾸어 믿었던 모든 일을 끊어버립니다. 이제 성령님을 향하여 더욱 겸손하고 순종하면서 모든 인도하심을 듣고 따를 것을 선언합니다.

나의 모든 신앙적인 교만을 회개합니다. 모든 오만과 자기 정당화, 자기 의인화, 그리고 자기중심주의를 회개합니다. 이러한 극단주의 정신이 나를 통해 들어와 행동한 모든 것을 회개합니다. 가르침을 받지 않은 것을 회개하며, 신뢰받을 수 있는 길을 피해 다닌 것도 회개하고, 거짓으로 겸손한 척한 것도 회개합니다. 이제 내가 위에서 한 말과 마음가짐의 모든 것을 끊고 마음속에 지녔던 모든 종교적인 교만의 마음을 끊어버립니다. 이제 나는 나의 교만과 지위보다는 주님의 사랑 안에서 살 것을 선포합니다.

삶에서 있었던 모든 율법주의인 생각과 행동을 회개합니다. 성령님의 사역을 거부하고 경직된 생각과 행동을 한 것을 회개합니다. 외형적인 모양만 추구하고 주님의 생각이 아닌 다른 사람의 의견을 더 존중하였던 것을 회개합니다. 주님이 기뻐하지 않는 방향으로 나를 이끌어갔던 완벽주의를 회개합니다.

다른 사람을 무시하는 비판주의의 생각을 했던 일을 회개합니다. 성령님께서 주변 사람들에게 역사하시도록 기도하지 않고 내가 직접 친구들을 통제하려 했던 것을 회개합니다. 이제 나는 위에서 말한 모든 것과 마음가짐들, 종교적인 율법주의와 완고한 옹고집을 버립니다. 모든 율법주의에서 자유롭게 되고 주님의 은혜와 자비 안에서 주님이 주시는 기준에 따라 살 것을 선포합니다.

나는 주님께서 하시지도 않은 일이나 환경에 대하여 주님을 비방했던 모든 것을 회개하고 끊어버립니다. 예수 그리스도를 통하여 주신 완전한 부활의 능력과 권세 안에서 동행하지 않았던 것을 회개합니다. 마귀를 이빨 없는 사자라고 여겨서 성도의 생활에 영향을 줄 수 없으며 마귀의 역사는 일어날 수도 없다고 믿었던 것을 회개합니다. 나는 사탄이 하는 악한 행동도 하나님의 위대한 계획 속의 하나라고 생각했던 모든 종교적인 생각의 틀을 깨어버립니다. 하나님께서 나를 위하여 세우신 계획을 사탄이 방해할 수도 없고 관심도 없다고 믿었던 생각도 끊어버립니다. 나를 위한 하나님의 계획이 잘 이루어질 것이며, 당신께서 주신 권세를 가지고 적의 모든 계획을 좌절시키고 무력화시키는 데 사용할 것을 선포합니다.

선악을 알게 하는 나무를 따라 살아온 것을 회개합니다. 하나님을 위한다며 했던 모든 봉사와 사역이 성령의 이끄심이 아니라 육신의 정욕을 위한 것이었음을 회개합니다. 잘못된 열심이 교만이나 두려움으로부터 오게 된 것을 깨닫고 회개합니다. 주님께서 주신 은사가 아닌 종교적인 거짓 영을 따라 산 것을 회개합니다(예: 독신 생활, 고의적인 빈곤, 자기 상실감, 순교자인 척하는 영). 나는 이런 종교의 영과 관련된 모든 비(非)신앙적인 마음가짐을 없애버립니다. 이제 나는 당신과 교제하는 올바른 관계 위에서 생명나무를 따라 살 것을 선포합니다.

나는 소리 내어 말해야 할 때 하지 않거나 기도를 게을리하여 침묵했던 모든 시간을 회개합니다. 주님께서 나와 가족에게 약속하신 모든 것이 이루어지지 않을 것이라고 믿었던 것을 회개합니다. 이제 나를 오늘 새롭게 하시겠다는 주님의 약속을 믿고 받으며 앞으로 믿음과 생명 안에서 주님과 동행할 것입니다.

나는 모든 위선적인 행위를 회개합니다. 이제껏 나의 입에서 나온 모든 말이 나의 생명과 나의 양심을 보여준 것이 아님을 회개합니다. 삶 속에서 모든 위선의 형태를 버리고 다시 이 선을 넘을 때에는 주님께서 지적해주시기를 간구합니다. 나의 말에서 더 이상 위선적인 겉모습을 드러내지 않고, 나의 말과 삶, 그리고 양심의 태도가 오직 주님께 영광을 돌릴 것을 선포합니다.

내 삶에 적이 들어와서 꿈과 희망, 비전, 그리고 사명을 모두 죽인 것을 회개하고 끊어버립니다. 주님께 소망이 없고 나와 가족에게 주신 당신의 선한 약속들이 이루어지지 않을 것이라고 믿었던 것을 회개하고 고칩니다. 주님께서 나를 위한 계획과 목적을 분명히 가지고 계신 것과 나도 내일을 위한 새로운 소망을 향하여 일어나고 있음을 선포합니다.

적이 내게 들어와서 나의 열정을 식어버리게 한 것을 회개합니다. 거룩한 것이나 형식적인 것이나 슬픔이 동일하다고 여겼던 모든 생각을 버립니다. 주님을 위한 새로운 열정을 품을 것과 성령님의 인도 안에서 희락, 행복, 평화, 관용, 그리고 생기 넘치는 삶을 살 것을 선포합니다.

마귀가 내게 들어와 다른 사람과의 좋은 관계를 끊어버리게 한 것을 회개합니다. 다른 사람과 화해하는 문을 닫아버렸던 모든 마음의 장벽을 헐어버립니다(화해해야 할 특정한 사람이 있다면 올바른 관계를 회복하게 해달라고 주님께 기도하라). 용서와 회개 그리고 화해의 생활 태도로 변화하여 살아갈 것을 서약합니다. 나 자신에게 관대한 것처럼 나를 공격한 사람에게 관용을 베풀기를 원합니다.

나는 다른 사람 특히 주님의 몸 된 교회 안에서 나 스스로를 고립시킨 것을 회개합니다. 나는 다른 사람의 잘못된 점만 보고 다른 사람들의 말을 듣기를 즐겨 하지 않았으며 타인의 충고와 교정받기를 거부했던 것을 회개합니다. 나를 다른 사람보다 우월하다고 믿고 나의 행동에는 항상 후한 점수를 주고 다른 사람들과 항상 비교하였던 모든 생각을 회개합니다.

성령님께서 이끄시는 새로운 운동을 의심하고 반대하였으며 내가 이해하지 못하면 성령께서 보여주시는 증거도 받기를 거부한 것을 회개합니다. 내 안에 있는 모든 종교적인 우월감 또는 종교적인 고립주의와 관련된 마음의 태도를 버립니다. 내가 그리스도의 지체라는 것과 주님께서 나에게 베풀어주신 관용을 다른 지체에게도 베풀 것을 선포합니다.

나는 주님께서 그분의 백성에게 더 이상 말씀하시지 않고 나에게도 말씀하시지 않는다고 생각했던 점을 회개합니다. 주님과는 조화롭게 살 수 없다고 믿었던 모든 생각을 버립니다. 매일 주님의 임재 안으로 들어가는 마음으로 오늘 나를 위한 주님의 말씀과 목적을 받겠습니다.

나에게 힘이 되는 나의 기쁨을 종교의 영이 빼앗아버리도록 둔 것을 회개합니다. 주님께서 주신 약속을 믿지 못해서 내뱉은 모든 말과 생각을 버립니다. 나는 바른 믿음을 택하고 주님께서 나의 기쁨과 승리되심을 선포합니다.

나는 알게 모르게 가족에게도 종교의 영이 들어오도록 문을 열어준 모든 것을 회개하고 이를 버립니다. 종교의 영과 연관된 모든 악한 영에게 알게 모르게 문을 열어주었던 것을 회개하고 이를 버립니다. 또한 주님께서 주시는 사랑, 자비, 관용, 은혜, 그리고 죄 용서하심을 온전히 받아들이지 않은 것을 회개합니다. 그리고 주님께서 나와는 먼 곳에 계시고, 판단만 하신다고 믿었던 모든 것을 버립니다. 나는 앞으로 당신의 모든 성품을 받아들이고 당신을 깊이 알 것을 선택합니다.[12]

4. 당신의 삶에서 모든 죄악의 영향을 끊어라.

우리가 지은 죄나 내뱉은 말은 우리를 항상 따라 다닌다. 마치 뜨거운 보도 위에서 큰 덩어리의 풍선껌을 밟은 것과 같다. 풍선껌의 덩어리는 신발에서 끈적거려서 뜯어내기가 어려울 뿐만 아니라, 떼어내지 않으면 걸음을 옮길 때마다 무엇에든지 들러붙는다. 틀림없이 그것은 계속해서 점점 크고, 더럽고, 끈적거리는 덩어리를 만든다. 우리의 삶에서 죄의 영향을 끊지 않으면 마치 발밑에 붙은 풍선껌처럼 점점 더러운 것들이 더 많이 붙는다. 이 단계에서는 다음과 같은 기도를 제안한다.

■ 주님, 내가 회개하고 포기한 죄악들의 영향들을 예수님의 이름으로 끊습니다. 나는 알게 모르게 종교의 영이 내 안에 머물도록 한 모든 법적 권리를 파합니다. 모든 사악한 혼의 묶음[13]과 이런 죄악들과 관련된 모든 가계의

저주¹⁴를 끊습니다.

5. 주님께 용서를 구하고 깨끗하게 해달라고 간구하라.

종교의 영에게 사로잡혀있을 때는 이렇게 하기가 때로는 놀랍게도 어렵다. 종종 하나님의 용서를 받을 자격이 없는 하찮은 벌레 같은 존재라고 스스로 믿기 때문이다. 우리 자신을 돌아볼 때 이 말은 사실이다. 그러나 우리는 하나님의 자녀이므로 하나님과 함께 완전히 새로운 위치에 있다. 예수님의 피로 인하여 하나님께 용서받았으며 그분과 올바른 관계를 누릴 수 있는 온전한 통로를 가지게 되었다.

위에서 거론된 모든 단계를 거쳤으므로 이제는 다음과 같은 기도를 할 수 있다.

> 사랑의 주님, 내가 회개하고 끊어버린 모든 죄악을 용서하여주시기를 간구합니다. 나의 죄가 완전하게 용서되었음을 믿고 주님께 감사드립니다. 모든 죄악을 망각의 바닷속으로 던져주신 것과 이 죄악들이 동쪽과 서쪽이 먼 것처럼 나에게서 멀어졌음으로 인해 감사드립니다. 주님, 주님께서 나의 모든 죄를 완전히 깨끗하게 해주셨습니다. 눈과 같이 희게 되어 주님 앞에 바로 설 수 있게 된 것을 감사드립니다.

6. 당신의 삶 속에 있는 종교의 영의 지배를 깨뜨려라.

지금 당신은 삶 속에서 종교의 영이 법적 권리를 구축하도록 한 죄악들로부터 완전히 깨끗함을 받았다. 당신은 예수님께서 당신에게 주신 권세로서 종교의 영의 지배가 깨어지도록 다음과 같이 명령할 수 있다.

> 모든 이름 위에 뛰어난 이름이신 예수님의 이름으로, 나는 오늘부터 앞으로 주님을 마음으로 순종하기로 결정했음을 선포합니다. 예수님을 죽이고 지금도 성령님의 사역을 죽이려고 계속 시도하는 악한 영의 동역자가 되지 않기로 결정했습니다. 더 이상 하나님을 대항하지 않기로 결정했습니다.
> 예수 그리스도께서 주신 권세의 자리에 들어가서 나를 타락시켰던 종교의 영에게 선포합니다. "너와 동류의 악한 영들은 이제 나의 삶에서 더 이상 어떤 법적 권리도 없음을 선포하노라(종교의 영과 같이 활동하는 종류의 영들을 알고 있으면 그 이름을 거명하라. 예를 들면 율법의 영, 교만의 영, 거부의 영 등). 악한 영들이 내 삶에서 아무런 힘도, 권리도, 권세도 없음을 선포하노라. 나를 붙잡고 있는 악한 영의 손이 끊어지고, 나에게서 떠날 것을 명하노라."
> 나는 거짓된 영에게서 완전히 자유롭게 되었고, 악한 영이 더는 나를 묶을 수 없게 된 것을 주님께 감사드립니다. 하나님의 아들이신 예수님께서 자유하게 한 모든 사람이 참으로 자유하게 되어 감사드립니다. 주님의 은혜를 누리는 자유, 기쁨과 겸손의 자유, 그리고 진리 안에서 걷는 자유, 화해를 위해 용서할 수 있는 자유와 나에게 허락하신 모든 사명을 감당할 수 있는 자유를 주신 것을 감사드립니다. 아멘.

축하합니다!

당신이 위와 같은 기도를 드렸다면, 종교의 영을 정복하기 위해 꼭 필요한 발걸음을 뗀 것이다. 축하한다. 다시 강조하지만, 위의 모든 기도는 어떤 마술적인 공식이 아니다. 그러나 우리가 주님 앞에서 솔직하고 성실함으로 나아갈 때에 종교의 영은 우리의 삶에서 지배력을 잃게 되고 우리는 자유롭게 될 것이다. 오래전부터 존재했던 거짓된 영은 당신의 마음, 양심, 그리고 영혼 속에 '옛적부터 항상 계신 이 하나님'의 역사 앞에 굴복할 수밖에 없을 것이다.

그러나 적이 그 기반을 잃는 것을 아주 싫어한다는 것을 항상 기억하라. 악한 영의 지배에서 자유롭게 된 것을 놓치면, 악한 영은 한때 그가 누렸던 것을 다시 되찾으려고 시도할 것이다. 그것이 바로 자유를 얻은 것이 단지 첫 번째 걸음이라고 말한 이유다. 종교의 영이 들어오지 못하도록 문을 닫고 자유함이 유지되도록 살아가는 법을 배워야 한다. 다음 장은 당신이 그리스도 안에서 새롭게 발견한 자유를 유지하고 종교의 영을 정복하는 개략적인 방법을 찾는 데 도움을 줄 것이다.

10장

자유를 유지하는 삶
Walking in Enduring Freedom

　9장에 나온 기도문을 따라 기도했더라도 종교의 영으로부터 정말 자유롭게 되었는지 의심스러울 수도 있다. 먼저 성경에서 당신이 자유하다고 말씀하신 것을 기억하라. 요한복음 8장 36절은 "그러므로 아들이 너희를 자유롭게 하면 너희가 참으로 자유로우리라"라고 선포한다. 주님은 당신을 위하여 당신의 삶 속에 있는 죄와 악한 영들의 요새로부터 자유롭고 해방된 삶을 살도록 놀라운 준비를 해두셨다. 사탄은 하나님과 동등하지 않다. 사탄은 피조물이며 하나님이 그의 창조자이시다. 궁극적으로 힘과 권세를 비교할 수 없다. 이미 언급한 대로, 오래전부터 존재했던 거짓 영은 언제나 '옛적부터 계신 분'이신 전능하신 하나님께 굴복할 수밖에 없다. 그러므로 당신도 삶에서 종교의 영을 정복할 수 있다는 확신을 가질 수 있다.

::자유함의 표시

이러한 경이로운 진리 외에도, 일단 당신이 축사를 받으면 당신의 삶에 특별한 표시가 보이는 것을 기대할 수 있다. 악한 영에게 속박되었을 때 표시가 나는 것처럼 자유롭게 되었을 때도 표시가 난다. 진정으로 자유롭게 된 증거로 네 가지 중요한 표시가 보이기 시작할 것이다.

첫째, 당신에게 기쁨이 돌아온 것을 발견할 수 있을 것이다. 기쁨은 주변 환경에 상관없이 하나님의 자녀의 삶을 위한 하나님의 계획 중 가장 필수적인 부분이다. 기쁨은 당신이 전진하도록 새로운 추진력을 생산한다. 종교의 영은 기쁨이 주는 역동적인 힘을 싫어한다. 이 악한 영이 당신에게 들어오면 당신의 기쁨을 도둑질하려고 분주하게 설친다. 그러나 악한 영이 당신의 삶에서 쫓겨나면 당신에게 주시는 주님의 기쁨이 또 다시 넘쳐흐른다. 주님의 기쁨 안에 사는 것은 악한 영들이 빼앗긴 영토를 다시 찾으려고 공격할 때 잘 방어하는 방패가 된다.

이 진리는 기쁨뿐만 아니라 성령의 아홉 가지 열매에도 적용된다(갈 5:22-23 참조). 사랑, 희락, 화평, 오래 참음, 자비, 양선, 충성, 온유, 절제도 주 예수 안에서 당신의 몫이다. 당신이 종교의 영이나 그와 유사한 악한 영의 세력에서 해방되면 성령의 모든 열매를 행할 수 있는 완전한 자유를 누릴 수 있다. 당신의 삶에서 어떤 일이 일어나든 관계없이 이것은 진리다. 당신은 주변 환경에 의해서 움직이는 것이 아니라 하나님의 영에 의해 움직이기 때문이다. 따라서 성령의 열매 안에 산다는 것은 당신이 자유롭게 되었다는 두 번째 표시다.

세 번째, 육체적인 일보다 영적인 일을 더 많이 행하는 것을 스스로 깨닫게 될 것이다. 당신은 더 이상 율법주의, 교만, 종교적인 전통, 편향된 의식, 미신, 두려움, 죄책감 등과 같은 마음가짐이나 욕구에 얽매이지 않는다. 법이나 육신의 욕망을 따라 사는 것보다 성령의 인도하심을 따라 사는 것이 훨씬 더 쉬울 것이다. 주님께서 당신에게 들려주시는 그분의 계획과 전략을 더욱 명확히 들을 수 있게 된다.

넷째, 항상 즐거워하고 하나님께서 당신을 향하여 지닌 그분의 뜻을 따라 살게 된다. 주변 환경에 대한 불평과 부정적인 시각 대신에 자신의 삶에 열정이 생긴다. 미래에 대한 두려움보다 하나님이 당신을 위해 준비한 그 풍성한 뜻을 기대하며 산다. 이제 당신은 하나님께서 당신이 있기를 원하는 곳을 알 수 있고 성령의 인도하심을 따라 계속 전진하면서 깊은 만족을 얻으며, 그분의 놀라우신 뜻을 놓치지 않을 것이다.

::자유 안에 거하라

자유롭게 되는 것과 자유 안에서 사는 것은 별개의 문제다. 앞에서 언급했듯이 우리의 적은 어떤 사람에게서도 권세를 잃는 것을 싫어한다. 악한 영은 그의 기반을 잃는 것을 매우 싫어하며, 그들은 기반을 잃어도 항상 다시 그 자리로 돌아오려고 시도한다. 악한 영들이 되돌아오는 데 성공하면 그냥 돌아오는 것이 아니라, 성경은 그들보다 더 악한 일곱 종류의 영들과 함께 온다고 경고한다. 예수님께서도 마태복음 12장 43-45절에서 다음과 같이 경고하셨다.

> 더러운 귀신이 사람에게서 나갔을 때에 물 없는 곳으로 다니며 쉬기를 구하되 쉴 곳을 얻지 못하고 이에 이르되 내가 나온 내 집으로 돌아가리라 하고 와 보니 그 집이 비고 청소되고 수리되었거늘 이에 가서 저보다 더 악한 귀신 일곱을 데리고 들어가서 거하니 그 사람의 나중 형편이 전보다 더욱 심하게 되느니라 이 악한 세대가 또한 이렇게 되리라

일단 종교의 영이나 다른 악한 세력에게서 자유롭게 되면 악한 영들이 당신의 삶에 다시 들어와 기반을 잡지 못하도록 항상 경계해야 한다. 그러기 위해서는 아래와 같이 매일 행동할 일곱 가지 단계가 필요하다.

1. 하나님을 먼저 모셔라.

마태복음 6장은 우리에게 훌륭한 원칙을 가르치고 있다.

> 사람이 두 주인을 섬기지 못할 것이니 혹 이를 미워하고 저를 사랑하거나 혹 이를 중히 여기고 저를 경히 여김이라 너희가 하나님과 재물을 겸하여 섬기지 못하느니라 그러므로 내가 너희에게 이르노니 목숨을 위하여 무엇을 먹을까 무엇을 마실까 몸을 위하여 무엇을 입을까 염려

하지 말라 목숨이 음식보다 중하지 아니하며 몸이 의복보다 중하지 아니하냐…이는 다 이방인들이 구하는 것이라 너희 하늘 아버지께서 이 모든 것이 너희에게 있어야 할 줄을 아시느니라 그런즉 너희는 먼저 그의 나라와 그의 의를 구하라 그리하면 이 모든 것을 너희에게 더하시리라(24-25, 32-34절)

삶에 하나님을 가장 먼저 모시면, 적이 들어와서 차지할 자리가 없다. 하나님을 향한 열정에 자신을 모두 바칠 때, 적이 당신의 삶에 들어와 그의 계획을 뿌리내릴 곳이 없게 된다. 마태복음 6장을 보면, 예수님은 먼저 그분을 구하면, 당신이 언제 무엇이 필요한지 모두 아시고 더하신다고 약속하셨다.

2. 매일 죽으라.

삶에 하나님을 첫 번째로 모시기 위해서, 스스로 매일 죽는 것을 실천해야 한다. 이것은 매일 아침 일어나면, 자신의 장례식을 치러야 한다는 의미다.

갈라디아서 5장 24절은 이렇게 말한다. "이제 그리스도 예수의 사람들은 육체와 함께 그 정욕과 탐심을 십자가에 못 박았느니라." 고린도전서 15장 31절에서 사도 바울은 "나는 매일 죽노라"고 훌륭하게 표현했다. 당신은 반드시 육체와 함께 정욕과 탐심을 매일 죽여야 한다. 당신의 소망, 계획, 감정, 방법, 예정표 등을 죽여야 한다. 이렇게 함으로써 육체의 욕망이 하나님의 목적하심에 끼어들지 못하게 될 것이다.

스스로를 죽이면 하나님과 동행하는 것과 당신 안에 있는 하나님의 예정된 뜻을 찾는 것과 하나님의 약속을 붙잡는 것에서 멀어지게 하는 모든 것이 당신의 삶에서 끊어져버린다.

나는 매일 아침 샤워를 하는 것이 나의 정해진 일과인데, 내가 이 시간을 선택하여 주님 앞에 나아가면 육신의 욕망을 포기하는 것이다. 어떤 사람은 나에게 죽기 위하여 샤워를 한다고 말할 수도 있을 것이다! 샤워를 하면서 그 안에서 매일 죽으려고 노력하지만, 어떤 때는 오후까지 죽는 것을 잊어버릴 때도 있다. 이런 날에는 스스로 하는 일이 어려워짐을 느끼기도 하고 그때 다시 내가 죽는 것을 잊었다는 것이 기억나기도 한다. 물론 다른 날에도 나의 옛날 육신이 몇 번이고 일어나기 때문에 하루에 세 번, 네 번 죽어야 할 때도 있다. 그러나 하루가 어떻게 지나가든지 원칙은 같다. 하나님을 먼저 모시고, 다른 어떤 것을 주인으로 섬기지 않기 위해서 나는 반드시 죽어야 한다.

당신이 어느 날 아주 기분 나쁜 날이라고 생각될 때 스스로 투덜거리거나 불평하고 있다면 멈추고, 기억하라. 당신의 옛날 육체가 다시 살아난 것이니 이제 또 다른 장례식을 치러야 한다는 것을 반드시 기억하라.

3. 새 삶으로 일어나라.

스스로 매일 죽는 것은 힘든 일이지만, 여기에 좋은 소식이 있다. 당신은 죽음 가운데에 머무는 것이 아니다! 하나님은 부활의 하나님이시다. 하나님께서 예수 그리스도 안에서 당신을 새로운 삶으로 일으켜 세우시도록 허락하라. 그것은 그분의 방법대로 그분의 예정대로 그분의 뜻, 그분의 소망, 그분의 목적, 그분의 열정, 그분의 기쁨, 그분의 삶을 따라 갈 것을 선택한다는 뜻이다. 매일 부활할 수 있다는 것이 얼마나 놀랍고, 멋있는 일인가!

당신의 사명을 위한 하나님의 계획은 당신의 육신이 상상할 수 있는 범위를 훨씬 뛰어넘는다. 당신은 지금까지 세상이 제공한 것보다 훨씬 위대한 삶을 선택하고 있는 것이다. 당신이 지닌 모든 육신의 욕망은 하나님께서 당신에게 매일 일으켜 세우기를 원하시는 부와 승리 그리고 만족을 주시는 삶에 대한 희미한 모조품일 뿐이다.

그렇다면 이제 모든 것이 수월해지고 더 이상 싸워야 할 전투가 없다는 것을 의미하는가? 아니다. 그런 부활의 삶은 천국에서 일어날 것이다. 그러나 당신이 하나님의 전략 안에서 전진하고 진실하게 그분을 따라 살아간다면, 이 세상에서 사는 동안에도 깊은 만족을 누릴 수 있다. 시편 27편 13절에서는 "내가 산 자들의 땅에서 여호와의 선하심을 보게 될 줄 확실히 믿었도다"라고 선언한다.

4. 옷을 입으라.

매일 죽고 매일 부활하는 시기가 지나면 옷을 입을 때가 되었다. 종교의 영은 당신에게 비통함, 분노, 값싼 동정, 증오, 용서하지 못함, 오만, 독선, 그리고 더 많은 여러 가지 옷감으로 옷을 입혀왔다. 그러나 하나님은 당신에게 훨씬 좋은 옷을 입혀주셨으며, 크기 또한 당신에게 꼭 맞는다! 당신을 위한 하나님의 옷은 아름다운 빛을 발한다. 여기 하나님께서 만드신 옷에 대한 품목들이 있다.

··주 예수 그리스도

오직 주 예수 그리스도로 옷 입고 정욕을 위하여 육신의 일을 도모하지 말라(롬 13:14)

··새새람

새사람을 입었으니 이는 자기를 창조하신 이의 형상을 따라 지식에까지 새롭게 하심을 입은 자니라(골 3:10)

··찬양의 옷

찬송의 옷으로 그 근심을 대신하고(사 6:3)

··긍휼, 자비, 겸손, 온유, 오래 참음과 사랑

그러므로 너희는 하나님이 택하사 거룩하고 사랑받는 자처럼 긍휼과 자비와 겸손과 온유와 오래 참음의 옷을 입고…이 모든 것 위에 사랑을 더하라 이는 온전하게 매는 띠니라(골 3:12, 14)

··믿음, 사랑, 그리고 구원의 소망

우리는 낮에 속하였으니 정신을 차리고 믿음과 사랑의 호심경을 붙이고 구원의 소망의 투구를 쓰자(살전 5:8)

- **빛의 갑옷**

    밤이 깊고 낮이 가까웠으니 그러므로 우리가 어둠의 일을 벗고 빛의 갑옷을 입자(롬 14:12)

- **하나님의 전신갑주**

    그러므로 하나님의 전신갑주를 취하라 이는 악한 날에 너희가 능히 대적하고 모든 일을 행한 후에 서기 위함이라 그런즉 서서 진리로 너희 허리띠를 띠고 의의 호심경을 붙이고 평안의 복음이 준비한 것으로 신을 신고 모든 것 위에 믿음의 방패를 가지고 이로써 능히 악한 자의 모든 불화살을 소멸하고 구원의 투구와 성령의 검 곧 하나님의 말씀을 가지라(엡 6:13-17)

5. 진리 안에서 걸으라

예수님은 요한복음 8장 31-32절에서 다음과 같이 말씀하셨다. "너희가 내 말에 거하면 참으로 내 제자가 되고 진리를 알지니 진리가 너희를 자유롭게 하리라." 진리인 그분의 말씀이 당신을 자유롭게 한 것처럼, 진리인 그분의 말씀 안에서 걸어가면 당신은 계속 자유를 누릴 수 있다.

예수님께서 광야에서 마귀에게 받은 시험이 이러한 진리의 좋은 예다(눅 4장 참조). 사탄은 예수님이 죄에 빠지도록 자기의 뜻대로 매혹적인 시험 방법을 사용하였다. 예수님은 단지 성경 말씀을 인용하였다. 그러나 궁극적으로 사탄의 시도는 실패하였다. 사탄이 주님께 새로운 유혹을 제시할 때마다, 예수님께서는 성경 말씀으로 반격하셨다. 그러면 사탄이 인용한 성경 말씀은 예수님이 인용한 말씀과 어떻게 다른가? 사탄은 성경 구절만을 인용했다. 사탄은 그 문구를 속이고 죽이는 데 사용했다. 반대로 예수님은 하나님의 말씀, 하나님의 뜻, 그리고 그분의 성품을 아셨고, 성령의 검 곧 하나님의 말씀을 어떻게 사용해야 하는지 알고 계셨다(엡 6:17 참조). 즉 그분은 진리의 말씀 안에서 걸어가고 계셨다.

종교의 영도 성경 말씀을 사방으로 휘두르기를 좋아하며 사탄이 예수님께 대적한 것처럼 말씀을 사용하여 우리에게 속임과 결박과 사망을 가져온다. 당신이 종교의 영으로부터 자유롭게 된 후에라도, 종교의 영은 같은 방법으로 그의 기반을 다시 찾으려고 시도한다. 그러나 예수님처럼 진리 안에 거하게 되면 역시 이런 공격을 물리치는 성령의 검을 사용할 수 있다.

성령의 검을 사용하려면 마음을 지키기 위해 부단히 경계해야 한다. 이를 위한 좋은 출발점이 고린도후서 10장 5절이다. "하나님 아는 것을 대적하여 높아진 것을 다 무너뜨리고 모든 생각을 사로잡아 그리스도에게 복종케 한다." 고린도전서 2장 16절에서는 "그리스도의 마음을 가져서, 하나님이 우리에게 생각하도록 만드신 대로 생각할 필요가 있다"라고 밝힌다. 이 말씀의 뜻은 당신의 믿음이 하나님의 말씀이 근본적으로 변화시키는 힘을 가졌다는 것을 믿도록 한다는 것이다. 당신 역시 이제 성령께서 끊임없이 당신의 마음을 새롭게 변화시키도록 받아들일 필요가 있다(롬 12:2 참조).

진리를 추구하며 진리를 믿고 진리를 말함으로써, 당신의 의지와 감정을 포함하여 마음과 영혼을 조심스럽게 지키면, 적은 잠잠히 물러가고 당신은 진리 안에 거하게 될 것이다.

6. 당신이 받은 권세 안에서 행하라.

당신이 받은 성령의 검을 효과적으로 휘두르기 위해서, 당신은 그렇게 할 수 있다는 당신의 권세를 분명히 알아야 한다. 「웹스터 사전」(Webster's New World Dictionary)은 권세를 다음과 같이 정의한다. "명령, 복종을 강요하거나 행동을 하도록 하는 힘. 또는 권한, 최종 결심, 지배권, 다른 사람에게 위임한 것과 같은 힘, 권한의 부여."[1] 하나님께서 당신에게 주신 진정한 권세를 이해하기 시작하면 그 결과는 놀랍도록 엄청난 것이 될 것이다.

하나님께서는 단순한 권세를 주신 것이 아니다. 그분 자신의 권세를 주셨다. 종교의 영이 핵심으로 생각하는 과업 중의 하나는 당신이 받은 권세의 지위를 최소화하거나 포기하게 하는 것이다.

그러나 하나님께서 그분의 작은 공간을 채우시려고 연약하고 무기력하게 당신을 이 땅에 보내신 것은 아니다. 당신은 아버지의 뜻을 이 땅에서 이루기 위해 모든 권세를 부여받은 하나님의 자녀로서 구원받았고, 성화되었으며, 권세를 위임받은 사람이다! 하나님은 당신에게 세상을 이기라고 말씀하신다(요일 5:4). 예수 그리스도로 인하여 오히려 당신을 승리자라고 선포하신다(롬 8:37). 하나님은 당신이 그리스도 안에서 항상 승리하도록 이끄신다(고후 2:14). 또 하나님은 그분이 당신에게 뱀과 전갈을 밟으며 원수의 모든 능력을 제어할 권능을 주셨으니 당신을 해칠 자가 결코 없다고 단언하신다(눅 10:19). 당신의 무기는 하나님의 능력이다(고후 10:4). 하나님은 당신이 당신 대적의 문을 차지할 것이라고 말씀하신다(창 22:17).

대적이 하나님의 완전한 권세 안에서 당신이 행하는 것을 멈추게 하려는 것은 놀라운 일이 아니다. 당신의 삶에서 이러한 권세와 승리를 얻기 위해서, 첫 번째로 당신은 대적에게 주었던 모든 근거를 다시 찾아올 것을 결심해야 한다. 그러므로 종교의 영으로부터 자유함을 얻는 것이 그렇게 하기 위한 발걸음의 시작이다. 권세를 인식하는 만큼, 당신은 일어나서 하나님께서 부르시고 지명하시고 임명하신 하나님의 용감한 군대가 될 것이다.

하나님께서 당신에게 주신 권세의 외투를 입으라! 대적의 역사를 파멸시킬 위대한 사명과 위대한 능력을 지닌 하나님의 자녀라는 확신으로 행하라!

7. 성령 충만함으로 걸어가라.

성령 충만한 삶은 당신이 사람이나 전통을 존중하는 것보다 하나님을 더 존중하겠다고 결심하는 것을 의미한다. 사람을 두려워하는 것보다 하나님을 더 두려워하겠다는 결심이다. 그러면 당신은 성취 지향이나 사람으로 인한 즐거움을 추구하지 않는다. 남이 어떻게 생각하는지에 관심을 두지 않고 하나님의 생각에만 관심을 둔다.

교만이나 자기 정당화의 생활을 버릴 것을 결심하라. 하나님께서 당신에게 주신 권세는 당신 자신의 의와 명성 때문이 아니라 주 예수 그리스도의 피의 대가로 주어진 선물이다. 율법주의로부터 문을 닫아라. 율법에 적힌 글자가 아니라 율법에 스며있는 성령을 사랑하라. 성령 충만함으로 걸어간다는 뜻은 정의로운 행동과 친절과 자비를 사랑하며, 그리고 겸손하게 하나님과 동행한다는 뜻이다(미 6:8).

또한 성령 충만함으로 산다는 것은 주님 앞에 앉아서 많은 시간을 그분과 교제하는 것을 의미한다. 하나님이 진정 어떤 분이신지, 그분이 무엇을 생각하고, 무엇을 말씀하시는지 찾아보라. 매일 그분과의 관계를 새롭게 하라. 당신이 백 년을 살지라도 매일매일 새로운 경이로움을 발견할 수 있을 것이다.

주님 안에서 당신의 형제 자매와 바른 관계를 맺고 살아가라. 구원을 받은 여부와 상관없이 그들을 향하여 용서와 관용의 태도를 지녀라. 성령님의 능력을 힘입어 그리스도의 빛을 비추어라. 당신이 받은 영적인 은사를 발견하고, 그것들을 당신의 삶 속에 받아들여서 사용하라. 하나님께서 당신에게 주신 귀한 은사를 사용하는 데 주저하거나 아끼지 마라. 하나님께서 주신 은사로 그리스도의 몸 된 사람들을 축복하라. 또한 하나님의 은혜의 구원이 절실히 필요한, 버림받고 죽어가는 세상을 축복하라.

성령 충만한 삶을 살게 되면, 종교의 영이 당신의 삶으로 들어오는 입구를 찾을 수 없게 될 것이다.

자, 이제 나가라!

이 장에서 설명한 단계를 실행하면 당신은 진정한 자유함을 지킬 수 있을 것이다. 종교의 영을 정복하라. 당신은 변화될 것이며, 다른 사람을 축복하게 될 것이다. 나는 당신이 앞으로 나아가며, 당신의 사명을 잘 감당할 수 있기를 격려하는 바다.

끝으로 당신을 위한 나의 기도다.

■ 하나님, 아버지께서 이 책을 읽은 모든 사람에게 자유함을 주신 것을 감사드립니다. 나는 종교의 영이 완전히 패배하고 주 예수 그리스도의 피로 완전히 정복되었음을 선포합니다. 이 책을 읽은 각 사람의 삶 가운데에 이루어진 자유함이 봉인되었음을 선포합니다. 대적은 우리에게서 새로운 자유의 작은 부분이라도 훔쳐갈 수 없을 것입니다. 이 귀중한 사람들에게 그들의 온전한 사명을 계속해서 보여주시기를 원합니다. 나는 당신께서 꿈과 환상과 지식의 말씀을 통하여 그들에게 말씀하여주실 것을 선포합니다. 새로운 기쁨과 평화로 그들을 채워주시옵소서. 아버지께서 그들에게 자유함을 주셨고, 이제 그들이 진실로 자유하게 되었으므로 감사드립니다. 나는 당신께서 그들에게 명하신 모든 것을 할 수 있음을 선포합니다. 예수님의 이름으로 기도드립니다. 아멘.

저·자·소·개

토미 펨라이트(Tommi Femrite) 목사는 Apostolic Intercessors Net-work와 GateKeepers International를 창설한 사도다. 이 두 기관은 성도들에게 능력을 주고 무장시키며 이들을 격려하는 천국 사역을 담당하고 있다.

토미는 하나님의 영적 전쟁 계획을 몸소 받아 이 계획을 다른 지도자들과 긴밀하게 협조하는 영적인 전략가로 알려져 있다. 그녀는 하나님의 지혜를 자신의 따스한 유머 감각에 연결시켜 가르치는 교사로서도 대단한 존경을 받고 있다. 토미의 주님을 향한 열정은 교사로서 성직자로서 그 능력을 발휘하여 듣고 배우는 모든 사람이 주님을 더욱 깊고 더욱 자세하게 알고자 하는 욕망을 불러일으킨다.

토미는 『*Intercessors: Discover Your Prayer Power*』(공저)를 저술하였고, 대표작으로는 『*Praying with Passion: Life-Changing Prayers for Those Who Walk in Darkness*』를 들 수 있는데 특별히 이 책은 소위 잃어버린 자들을 위한 기도를 할 때 풍부한 자료를 제공한다.

또한 토미는 와그너 지도자 학교(Wagner Learship Institute)를 수료하였고 목회학 박사 학위를 받았다. 그녀는 또한 International Coali

-tion of Apostles와 Eagles's Vision Apostolic Team의 회원이기도 하다. 현재 토미와 남편 랄프는 콜로라도 주의 콜로라도스프링스에 살고 있으며 결혼한 두 자녀와 네 명의 손자를 두고 있다.

    토미 펨라이트 목사의 연락처는 다음과 같다.

Tommi@GateKeepersIntl.org
www.GateKeepersIntl.org
www.AIN-GKI.org

미주

2장: 오래된 모조품

1. C. Peter Wagner,ed., *Freedom from the Religious Spirit* (Ventura, Calif.: Regal Books, 2005), 12.

2. Jonas Clark, "Enemies of the Apostolic: The Religious Spirit Is a Demonic Guard That Opposes God's Work", *The Voice* 1(July 2004):16.

3. Deny의 정의 *Webster's Talking Dictionary/Thesaurus*, CD-ROM, version1. 0b (Exceller Software Corporation).

4. Wagner, *Freedom from the Religious Spirit*, 58.

3장: 종교라는 진흙탕에서 돌리는 수레바퀴

1. *Ritual*의 정의는 MS word 2003년 판에서 출력하여 *Encarta Dictionary* (North America)를 번안하였음.

2. Wagner, *Freedom From the Religious Spirit*, 75.

3. Tradition의 정의는 Dictionary.com, 정의 #3에서 인용.

4. Wagner, *Freedom From the Religious Spirit*, 19.

5. Israel Kim, *Image of God* (Dillsboro, Ind.: Selah Publishing Group, 2005), 52-53.

4장: 교만이라는 더러운 입 냄새

1. Watchman Nee, *The Spiritual Man* (New York: Christian Fellow

-ship Publishers,Inc., 1968), 149.

2. Rick Joyner, *Overcoming the Religious Spirit* (Charlotte, N.C.: MorningStar Publications,1996), 18.

3. *Humility*의 정의는 *Webster's Talking Dictionary/Thesaurus*에서 인용.

4. Andrew Murray, *Humility* (New Kensington, Penn.: Whitaker House, 1982), 20.

5장: 율법의 항목

1. Chuck D. Pierce and Rebecca Wagner Sytrema, *Prayers That outwit the Enemy* (Ventura, Calif.: Regal Books, 2004), 36.

2. Joyner, *Overcoming the Religious Spirit*, 18.

3. *Grace*의 정의는 *Encarta Dictionary*에서 인용.

6장: 절대로 믿지 말아야 할 세 가지 신학 이론

1. Gregory A. Boyd, *Is God to Blame* (Downers Grove, Ill.: InterVarsity Press, 2003), 59.

2. Ibid., 105.

3. George Otis, Jr., "Out of the Depths", Global Harvest Ministries 소식지(1995. 8.21)에 포함되었음.

4. Tommi Femrite, Elizabeth Alves and Karen Kaufman, *Intercessors: Discover Your Prayer Power* (Ventura, Calif.: Regal Books, 2000), 145-46.

5. Dutch Sheets, *Intercessory Prayer* (Ventura, Calif.: Regal Books, 1996), 28.

7장: 빛에 의한 실명

1. Wagner, *Freedom from the Religious Spirit*, 60.

2. Ibid., 38-39.

3. 저자는 이 이야기를 "Prayers are Timeless…Worship is Eternal"라는

제목으로 우리의 사역자 소식지에 게재하였다 (GateKeepers International, 2005.10).

4. Kenneth Scott Latourette, *The Thousand Years of Uncertainty*, Vol.2 of *A History of the Expansion of Christianity*, rev. ed. (Grand Rapids: Zondervan, 1996), 88.

5. Chuck D. Pierce and Rebecca Wagner Sytsema, *Possessing Your Inheritance* (Ventura, Calif.: Renew, 1999), 192.

6. Watchman Nee, *Love Not the World* (Fort Washington, Pa.: CLC Publications, 2004), 72.

8장: 우리의 삶에서 활동하는 종교의 영

1. Passion의 정의는 *Webster's New World Dictionary*, 제4판에서 인용 (New York: Simon and Schuster, 1998).

2. Joyner, *Overcoming the Religious Spirit*, 45-51.

9장: 종교의 영을 이기는 법

1. John Bevere, *The Voice of One Crying* (Apopka, Fla.: Messenger Press, 1993), 83.

2. Peter Horrobin, *Healing Through Deliverance*, vol. 2 (Grand Rapids: Chosen Books, 2003), 96-97.

3. 적용할 수 있다면 Eastern Star, Job's Daughters, Rainbow, DeMolay, Shriners, 그리고 모든 프리메이슨(Freemasonry)의 여타의 지부들에 가입하는 것을 거절하는 것이다. Chuck D. Pierce and Rebecca Wagner Sytsema, *Protecting Your Home from Spiritual Darkness* (Vent-ura, Calif.: Regal Books, 2004)의 부록 A "Prayer of Release for Freemasons and Their Descendants"를 참조하라. 그리고 Elks 단체, 콜럼버스의 기사(Knights of Columbus), Oddfellows 단체, Amaranth 단체, Daughter of Nile 단체, sororities 여학생 클럽, fraternities 남학생 클럽, 그리고 하나님 말씀에 상반되는 어떤 의식이나 숭배하는 것을 요구하는 모든 비밀스러운 조직에

가입하는 것을 거절하라.

　　4. 여기에는 토템 기둥, 기우제용 지팡이, 각종 주술적인 음률을 연주하는 북들, 카치나 인형, 조각한 우상의 형상, 각종 의식에 사용하는 가면과 의상 등이 포함된다.

　　5. 특히 당신이 속했던 경험이 있는 Tao 교, 신도 교(Shintoism), 샤먼 교(Shamanism), 바하이 교(Bahai), 그리고 선(善) 등 모든 동양의 종교를 포함한다. 또한 요가, 풍수지리, 초월 명상법, 그리고 합기도, 유도, 불가산(jujitsu), 가라데, 쿵푸, 닌지수, 태극권, 그리고 태권도 등을 포함한 모든 종류의 무술이 포함된 동양의 종교도 해당된다.

　　6. 특히 여기에는 당신이 가입했던 경험이 있을지도 모르는 심령술 단체, 신지학회, 화신, 차크라, 숙명론, 만트라, 요가, 환생술, 여신 경배, 심령 인도, 진화론 신봉, 자기실현 등의 모든 뉴에이지 형태의 활동도 포함된다.

　　7. 특별히 마술 숭배, 산타리아 교, 부두교, 마쿰바 교, 움반다 교, 칸돔블 교, 마녀회, 마법 숭배, 매력 숭배, 크리스털 치료 요법, 흑백 마술, 점술, 사람과 동물 희생 제물, 그리고 물리 요법 치료 등을 포함한 마술, 요술 및 이와 같은 종교 활동을 명시한다.

　　8. 여기에는 점치는 행위, 점성술, 숫자 점, 타로카드, 흙 점(풍수), 손금 보기, 창자 점, 역술경, 정신 측정, 홍체 진단, 라프소다만시, 수정요법, 수 점, 찻잎 점, 징조 점, 점술 막대기, 점판, 마법의 Eight Ball, 수정 점, 물신 숭배, 이교도 상징물, 꿈 해몽가, 기우제 지팡이 등을 포함한 모든 형태의 신비주의적인 물건이나 행동을 포함한다.

　　9. 자동 서술, 강령회, 공중부양, 체현술, 영혼 여행, 또는 별의 투시, 최면술, 격동 작용, 이동술, 환생술, 채널링, 강령술, 무당 등과 같은 모든 형태의 심령술을 포함한다.

　　10. 현대적인 악마교, 전통적인 악마교, 사탄의 교회, 흑미사, 헌혈, 사람과 동물의 희생제물, 그리고 성스럽지 못한 성찬 등을 포함한 모든 형태의 악마교를 포함한다.

　　11. 우상, 신상, 마귀, 힌두교나 불교의 신상들, 풍요의 신 또는 여신, 사람이나 동물의 마귀 또는 악마상, 오벨리스크 탑, 괴물 꼴의 홈통 주둥이, 상엿집, 마리아 동상이나 기타 다른 종류의 성인이나 동정녀 상, 처마 밑의 풍경들(본래 악령을

물리치거나 선한 영을 부르기 위하여 만들어졌음), 또는 이 세상의 어떤 문화권에 서든지 영적인 능력을 가지거나 보호받기 위하여 숭배하는 모든 사물을 포함하여 모든 형태의 조각된 형상을 말한다.

    12. 이 기도의 한 부분은 와그너가 쓴 *Freedom From the Religious Spirit*에서 뽑은 "The Spirit of Religion in the Local Church"에서 인용하였음.

    13. 영혼의 묶임은 성적인 관계를 가지는 동안 두 영혼이 연결되는 것을 말한다. 하나님은 결혼을 통하여 두 육체가 하나로 되도록 이것을 의도하셨다(창 2:24, 마 19:5, 고전 6:16, 엡 5:31 참조). 그러나 혼외정사를 하게 되면 불신앙의 영혼 묶임의 형태가 되어 이 장에서 기도하는 사람과 같이 회개와 구원을 통하여 깨어지기까지 이런 행동에 포함된 것들을 영구히 간직하게 될 것이다. 만일 당신이 혼외정사를 하였다면 그 모든 상대자의 명단을 만들고 당신과 연결되어있는 불경스러운 묶임을 제거하기 위해 한 사람 한 사람을 놓고 기도하라.

    14. 세대를 걸쳐서 내려오는 저주는 죄의 결과이며, 이러한 효력은 출애굽기 25장 5절의 말씀 "나 네 하나님 여호와는 질투하는 하나님인즉 나를 미워하는 자의 죄를 갚되 아버지로부터 아들에게로 삼사 대까지 이르게 할 것이다"와 같이 세대에서 세대로 전해질 것이다. 이 내용에 관한 더 깊은 연구는 피어스와 시세마 공저 *Possessing Your Inheritance*(8장)를 참조하라.

10장: 자유를 유지하는 삶

    1. *Authority*의 정의는 *Webster's New World Dictionary*, 제4판에서 인용.

순전한 나드 도서안내   02-574-6702

No.	도서명	저자	정가
1	강력한 능력전도의 비결	체 안	11,000
2	광야에서의 승리(개정판)	존 비비어	10,000
3	교회, 그 연합의 비밀	프란시스 프랜지팬	10,000
4	교회를 뒤흔드는 악령을 대적하라	프란시스 프랜지팬	5,000
5	교회를 어지럽히는 험담의 악령을 추방하라	프란시스 프랜지팬	5,000
6	그리스도인의 삶의 비결	진 에드워드	8,000
7	기름부으심	스미스 위글스워스	8,000
8	꿈을 통해 말씀하시는 하나님	헤피만 리플	10,000
9	날마다 하나님께로 더 가까이	존 비비어	13,000
10	내 백성을 자유케 하라	허철	10,000
11	내게 신선한 기름을 부으셨나이다	허철	9,000
12	내어드림	페늘롱	7,000
13	다가온 예언의 혁명	짐 골	13,000
14	다가올 전환	래리 랜돌프	9,000
15	당신도 예언할 수 있다	스티브 탐슨	12,000
16	당신은 예수님의 재림에 준비가 되어 있습니까?	메릴린 히키	13,000
17	당신은 치유받기 원하는가	체 안	8,000
18	당신의 기도에 영적 권위가 있습니까?	바바라 윈트로블	9,000
19	더넓게 더깊게	메릴린 앤드레스	13,000
20	동성애 치유될 수 있는가?	프랜시스 맥너트	7,000
21	두려움을 조장하는 악령을 물리치라	드니스 프랜지팬	5,000
22	마지막 시대에 악을 정복하는 법(개정판)	릭 조이너	9,000
23	마켓플레이스 크리스천(개정판)	로버트 프레이저	9,000
24	무시되어 온 축복의 통로	존 비비어	6,000
25	믿음으로 질병을 치유하라(개정판)	T.L 오스본	20,000
26	부서트리고 무너트리는 기름 부으심	바바라 J. 요더	8,000
27	부자 하나님의 부자 자녀들	T.D 제이크	8,000
28	사도적 사역	릭 조이너	12,000
29	사랑하는 자가 병들었나이다	허 철	8,000
30	사사기	잔느 귀용	7,000
31	사업을 위한 기름 부으심(개정판)	에드 실보소	10,000
32	상한 마음을 치유하는 기도	마크 버클러	15,000
33	상한 영의 치유1	존&폴라 샌드포드	17,000
34	상한 영의 치유2	존&폴라 샌드포드	13,000
35	성령님을 아는 놀라운 지식	허 철	10,000
36	세계를 변화시키는 능력	릭 조이너	10,000
37	속사람의 변화 1	존&폴라 샌드포드	11,000
38	속사람의 변화 2	존&폴라 샌드포드	13,000
39	신부의 중보기도	게리 윈스	11,000
40	십자가의 왕도	페늘롱	8,000
41	아가서	잔느 귀용	11,000
42	악의 속박으로부터의 자유	릭 조이너	9,000
43	어머니의 소명	리사 하텔	12,000
44	여정의 시작	릭 조이너	13,000
45	영광스러운 교회에 보내는 메시지 1	릭 조이너	10,000
46	영광스러운 교회에 보내는 메시지 2	릭 조이너	10,000
47	영분별	프란시스 프랜지팬	3,500
48	영으로 대화하시는 하나님	래리 랜돌프	8,000
49	영적 전투의 세 영역(개정판)	프란시스 프랜지팬	10,000
50	예레미야	잔느 귀용	6,000
51	예수 그리스도와의 친밀함	잔느 귀용	7,000
52	예수님 마음찾기	페늘롱	8,000
53	예수님을 닮은 삶의 능력	프란시스 프랜지팬	9,000
54	예수님을 향한 열정(개정판)	마이크 비클	12,000
55	요한계시록	잔느 귀용	11,000
56	인간의 7가지 갈망하는 마음	마이크 비클	11,000
57	저주에서 축복으로	데릭 프린스	6,000

PURE NARD BOOKS

No.	도서명	저자	정가
58	주님, 내 눈을 열어주소서	게리 오츠	8,000
59	주님, 내 마음을 열어주소서	캐티 오츠/로버트 폴 램	9,000
60	지구상에서 가장 강력한 기도	피터 호로빈	7,500
61	지금은 싸워야 할 때	프랜시스 프랜지팬	8,000
62	천국경제의 열쇠	샨 볼츠	8,000
63	천국방문〈개정판〉	애나 로운튜리	11,000
64	축사사역과 내적치유의 이해 가이드	존&마크 샌드포드	18,000
65	출애굽기	잔느 귀용	10,000
66	하나님과 동행하는 사람들〈개정판〉	샨 볼츠	9,000
67	하나님과 사람에게 더욱 사랑스러운 자	듀안 벤더 클럭	10,000
68	하나님과의 연합	잔느 귀용	7,000
69	하나님으로부터 오는 능력	찰스 피니	9,000
70	하나님을 연인으로 사랑하는 즐거움	마이크 비클	13,000
71	하나님의 마음에 합한 사람	마이크 비클	13,000
72	하나님의 심정 묵상집	페늘롱	8,500
73	하나님의 아름다움을 바라보는 축복	허 철	10,000
74	하나님의 요새	프랜시스 프랜지팬	8,000
75	하나님의 음성을 듣는 방법〈개정판〉	마크&패티 버클러	15,000
76	하나님의 장군의 일기〈개정판〉	잔 G. 레이크	6,000
77	항상 배가하는 믿음	스미스 위글스워스	10,000
78	항상 부족함이 없으리로다	하이디 베이커	8,000
79	혼동으로부터의 자유	릭 조이너	5,000
80	혼의 묶임을 파쇄하라	빌&수 뱅크스	10,000
81	화 있을진저 외식하는 서기관과 바리새인들	존 비비어	8,000
82	횃불과 검	릭 조이너	8,000
83	21C 어린이 사역의 재정립	베키 피셔	13,000
84	금식이 주는 축복	마이크 비클&다나 캔들러	12,000
85	승리하는 삶	릭 조이너	12,000
86	부활	벤 R. 피터스	8,000
87	거절의 상처를 치유하시는 하나님	데릭 프린스	6,000
88	그리스도의 제사장적 신부	애나 로운튜리	13,000
89	마귀의 출입구를 차단하라	존 비비어	13,000
90	통제 불능의 상황에서도 난 즐겁기만 하다	리사 비비어	12,000
91	어린이와 십대를 위한 축사사역	빌 뱅크스	11,000
92	알려지지 않은 신약성경 교회 이야기	프랭크 바이올라	12,000
93	빛은 어둠 속에 있다	패트리샤 킹	10,000
94	가족을 위한 영적 능력	베벌리 라헤이	12,000
95	목적으로 나아가는 길	드보라 조이너 존슨	8,000
96	컴 투 파파	게리 윈스	13,000
97	러쉬 아워	슈프레자 싯홀	9,000
98	그리스도 안에 거하는 삶	앤드류 머레이	10,000
99	지도자의 넘어짐과 회복	웨이드 굿데일	12,000
100	하나님의 일곱 영	키이스 밀러	13,000
101	너희 지체를 의의 병기로 하나님께 드리라	허 철	8,000
102	신부	론다 캘혼	15,000
103	추수의 비전	릭 조이너	8,000
104	하나님이 이 땅 위를 걸으셨을 때	릭 조이너	9,000
105	하나님의 집	프랜시스 프랜지팬	11,000
106	도시를 변화시키는 전략적 중보기도	밥 하트리	8,000
107	왕의 자녀의 초자연적인 삶	빌 존슨 & 크리스 밸러턴	13,000
108	초자연적 능력의 회전하는 그림자	줄리아 로렌 & 빌 존슨 & 마헤쉬 차브다	13,000
109	언약기도의 능력	프랜시스 프랜지팬	8,000
110	꿈의 언어	짐 골 & 미쉘 앤 골	13,000
111	믿음으로 산 증인들	허 철	12,000
112	욥기	잔느 귀용	13,000
113	포로들을 해방시키라	앨리스 스미스	13,000
114	나라를 변화시킨 비전: 윌리엄 테넌트의 영적인 유산	존 한센	8,000

No.	도서명	저자	정가
115	세상을 다스리는 권세의 회복	레베카 그린우드	10,000
116	예언적 계약, 잇사갈의 명령	오비 팍스 해리	13,000
117	창세기 주석	잔느 귀용	12,000
118	하나님의 강	더치 쉬츠	13,000
119	당신의 운명을 장악하라	알렌 키란	13,000
120	용서를 선택하기	존 로렌 & 폴라 샌드포드 & 리 바우만	11,000
121	자살	로렌 타운젠드	10,000
122	레위기/민수기/신명기 주석	잔느 귀용	12,000
123	그리스도인의 영적혁명	패트리샤 킹	11,000
124	초자연적 중보기도	레이첼 힉스	13,000
125	꿈과 환상들	조 이보지	12,000
126	나는 하나님의 음성을 듣는다	킴 클레멘트	11,000
127	엘리야의 임무	존 & 폴라 샌드포드	13,000
128	하나님의 초자연적인 능력	바비 코너	11,000
129	거룩과 진리와 하나님의 임재	프랜시스 프랜지팬	9,000
130	사랑하는 하나님	마이크 비클	15,000
131	천사와의 만남	짐 골 & 미셸 앤 골	12,000
132	과거로부터의 자유	존 & 폴라 샌드포드	13,000
133	일곱 교회 이기는 자에게 주시는 축복	허 철	9,000
134	은밀한 처소	데일 파이프	13,000
135	일곱 산에 관한 예언	조니 앤로우	13,000
136	일터에 영광이 회복되다	리차드 플레밍	12,000
137	악의 삼겹줄을 파쇄하라	샌디 프리드	11,000
138	초자연적 경험의 신비	짐 골 & 줄리아 로렌	13,000
139	웃겨야 살아난다	피터 와그너	8,000
140	폭풍의 전사	마헤쉬 & 보니 차브다	13,000
141	천국 보좌로부터 온 전략	샌디 프리드	11,000
142	영향력	윌리엄 L. 포드 3세	11,000
143	속죄	데릭 프린스	13,000
144	신의 성품에 참예하는 자	허 철	8,000
145	예언, 꿈, 그리고 전도	덕 애디슨	13,000
146	아가페, 사랑의 길	밥 멈포드	13,000
147	불타오르는 사랑	스티브 해리슨	12,000
148	그 이상을 갈망하라!	랜디 클락	13,000
149	순결	크리스 밸러턴	11,000
150	능력, 성결, 그리고 전도	랜디 클락	13,000
151	종교의 영	토미 펨라이트	11,000
152	예기치 못한 사랑	스티브 J. 힐	10,000
153	모르드개의 통곡	로버트 스턴스	13,500
154	예언사전	폴라 A. 프라이스	28,000
155	1세기 교회사	릭 조이너	12,000
156	예수님의 얼굴	데이비드 E. 테일러	13,000
157	토기장이 하나님	마크 핸비	8,000
158	존중의 문화	대니 실크	12,000
159	제발 좀 성장하라!	데이비드 레이븐힐	11,000
160	정치의 영	파이살 말릭	12,000
161	이기는 자의 기름 부으심	바바라 J. 요더	12,000
162	치유 사역 훈련 지침서	랜디 클락	12,000
163	헤븐	데이비드 E. 테일러	13,000
164	더 크라이	키스 허드슨	11,000
165	천국 여행	리타 베넷	14,000
166	파수 기도의 숨은 능력	마헤쉬 & 보니 차브다	13,000
167	지저스 컬쳐	배닝 립스처	12,000
168	넘치는 기름 부음	허 철	10,000
169	거룩한 대면	그래함 쿡	23,000

모닝스타 코리아 저널 morningstar KOREA JOURNAL

No.	도서명	저자	정가
1	모닝스타저널 제1호	릭 조이너 외	7,000
2	모닝스타저널 제2호	릭 조이너 외	7,000
3	모닝스타저널 제3호 승전가를 울릴 지도자들	릭 조이너 외	7,000
4	모닝스타저널 제4호 하나님의 능력	릭 조이너 외	7,000
5	모닝스타저널 제5호 믿음과 하나님의 영광	릭 조이너 외	7,000
6	모닝스타저널 제6호 성숙에 이르는 길	릭 조이너 외	7,000
7	모닝스타저널 제7호 마지막 때를 위한 나침반	릭 조이너 외	7,000
8	모닝스타저널 제8호 회오리 바람	릭 조이너 외	8,000
9	모닝스타저널 제9호 하늘 위의 선물	릭 조이너 외	8,000
10	모닝스타저널 제10호 천상의 언어	릭 조이너 외	8,000
11	모닝스타저널 제11호 신의 성품에 참예하는 자	릭 조이너 외	8,000
12	모닝스타저널 제12호 언약의 사람들	릭 조이너 외	8,000
13	모닝스타저널 제13호 열린 하나님의 나라	릭 조이너 외	8,000
14	모닝스타저널 제14호 하나님 나라의 능력	릭 조이너 외	8,000
15	모닝스타저널 제15호 하나님 나라의 복음	릭 조이너 외	8,000
16	모닝스타저널 제16호 성령 안에서 사는 삶	릭 조이너 외	8,000
17	모닝스타저널 제17호 성령 충만한 사역	릭 조이너 외	8,000
18	모닝스타저널 제18호 초자연적인 세계	릭 조이너 외	8,000
19	모닝스타저널 제19호 하늘을 이 땅으로 이끌어내다	릭 조이너 외	8,000
20	모닝스타저널 제20호 견고한 토대 세우기	릭 조이너 외	8,000
21	모닝스타저널 제21호 부서지는 세상에서 견고히 서기	릭 조이너 외	8,000
22	모닝스타저널 제22호 소집령	릭 조이너 외	8,000
23	모닝스타저널 제23호 성도들을 구비시키라	릭 조이너 외	8,000
24	모닝스타저널 제24호 자유의 투사들	릭 조이너 외	8,000
25	모닝스타저널 제25호 땅을 차지하기	릭 조이너 외	8,000
26	모닝스타저널 제26호 도래할 시기를 준비하라	릭 조이너 외	8,000
27	모닝스타저널 제27호 하나님을 즐거워하라	릭 조이너 외	8,000
28	모닝스타저널 제28호 하나님을 영화롭게 해야 할 이유	릭 조이너 외	8,000
29	모닝스타저널 제29호 만물의 회복	릭 조이너 외	8,000

※ **모닝스타 코리아 저널**은 한정판으로 출간되기 때문에 품절될 경우 구매하실 수가 없습니다. 그러므로 **품절 여부**를 확인하신 후 구매하시기 바랍니다.